中華書局

# 香港的專業精神

## 工程師的社會服務心路

何鍾泰　著

# 目錄

# 序

　　何鍾泰博士是香港商界和基建工程領域享有盛譽的知名人士，在工程業界擁有豐富的經驗和專業知識，曾為香港的基礎建設工程作出不少貢獻；也是香港市民熟悉的立法會議員，一直致力於推動香港的經濟發展和社會進步。

　　他曾經參與和推動香港多個重要的基建工程，並且對香港的城市發展和繁榮作出重要貢獻。他的領導和決策能力，使這些項目能夠順利完成，成為香港基礎建設的標誌性工程和重要設施。就在他的事業達到高峰時，他轉而全身投入香港的社會服務，當了十六年的立法會議員，期間曾出任「雷曼迷債」事件立法會特權調查委員會的主席，為數萬名苦主討回公道，贏得「包公」美譽。

　　我在特區政府任職時（1997-2005），曾經有機會見證何博士在香港立法會的成就，並且很欣賞他對香港社會和經濟的貢獻。他的自傳將向讀者展示他的人生經歷和成就，也會分享他在職業生涯以及為香港社會服務中所學到的寶貴經驗和智慧。他的故事，將對那些渴望成功的年輕人提供啟發和鼓勵，也將成為我們在當今不斷變化的世界中前進的指南。在他的自傳中，向我們展示了一個堅定的信念和不懼艱難的領導才能，更有值得珍惜的服務精神，這些品質

對於我們在當今不斷變化的世界中取得成功都是非常重要的。

　　最後，我要再次向何鍾泰博士表示敬意和感謝，他的成就對香港社會和經濟的發展作出重要貢獻。期待着何博士這一本自傳成功出版，我深信這本書對熱愛國家、關心香港的讀者定能帶來啟發。

梁愛詩

特區政府前律政司司長

基本法委員會前副主任

# 前言

　　我一生中歷任不同崗位，演繹過多個身份，這輩子從來沒有改變的，是謀求社會大眾福祉的追求，始終如一，維持專業人士的身份，在不同範疇服務大眾，希望為香港社會、為祖國大地的建設留下一點成績。

　　我沒有經過刻意的安排，八十多年的人生，剛好可以用「整十年為周期」劃分為一個又一個段落。首二十年的成長期，我一直以優異成績完成香港最優質的教育；學成後首先在英國十年做工程專業的服務；然後趕上香港基建高峰期的二十年，參與多項標誌性大型基建項目；接着幾乎是作為全職公職人員，二十年間參與多個社會服務團體，其中當了十六年立法會議員，兩屆港區全國人大代表，推動及組織各個工程界別的專業聯盟、親手創建「工程界社促會」及「香港科技協進會」；之後再十年，我加入多個上市公司和非牟利機構的董事會及管理工作，並創建一個跨界別專業人士智庫「大舜慈善基金會」（大舜基金）。

　　「術業有專攻」。香港素有福地之譽，更是人才輩出之地，多個專業均可躋身世界前列。我先在香港大學完成土木工程學位，然後在英國倫敦城市大學取得土木工程博士；於英國開始專業生涯，然

後返港，在工程專業作出過不少貢獻。1987-1988 年度成為香港工程師學會（HKIE）最年輕的會長，出任會長期間與政府共同完成了工程師註冊的草案；也是學會最高榮譽的「名譽資深會員」（Honorary Fellow），享有免交會費（No Subscription）的尊崇待遇；取得十一個工程專業（Disciplines）註冊工程師（Registered Professional Engineer，簡稱 RPE）資格的成就，其他同業考獲的工程專業資格最多也只得十項。從英國到香港前後三十年從事工程工作，在行內有不少能載入記錄的成績，曾經負責審閱所有刊登於香港工程師學會刊物 *Engineering Proceedings* 有關土木工程及結構工程的文章；又獨自義務為屋宇署完成第一本香港鋼結構規範 *Design Code for the Use of Structural Steel* 及與三位外國工程師代表香港工程師學會完成《建造行業的調解手則》（*Mediation Rules for Construction*）；並獲得香港工程師學會頒授「工程界翹楚」（Inductee of Hall of Fame）。

「政者，眾人之事；治者，管理之事」。我參與了三十年社會服務，尤其在教育界，也曾參與香港城市大學及香港科技大學的創建工作；十六年立法議政的立法會工作，期間參與或主持了三次為社會大眾申張公義的重大事件調查工作。前後三十年間，我置身這

些「政治」工作的核心內圍，擔任過多個重要崗位。

　　社會上有很多不同群體的人參與「政治」工作，為民服務，治理眾人之事。有專職政治者，有旁觀不涉足而只事議論批判的，也有以政治為名圖謀他事者。自我首次參選立法局議員開始，對「政治」工作均全心全意，以時間精力而言可說是「全職政治」人，一直秉持工程師的「專業精神」，堅守「政治」服務於大眾的初心，尊重客觀事實，究其真相、系統解決、公平公正，最終的追求從來沒有離開以社會大眾利益為本位這個初心。

　　這就是我作為一位"Engineer-cum-Politician"的政治人生，將工程師與政治人融為一體，追求的是一個為人民服務的工程師的最高境界。

　　我這一生的演繹，希望可以說明這是一種做事的專業精神，也正好是過去半個世紀香港成功所依賴的眾多因素之一。此刻是香港再出發的時期，大家不妨深思箇中道理，特別是參與「政治」服務大眾時，切記要不忘初心，回歸本位：發揮自身最擅長的能力，專心做所屬專業範圍最該做的事，這才是匯集各方英才，集眾人之力、治理眾人之事的最基本、也是最高的要求。

第一章

# 戰後香港多元化教育與
# 工程師的成長

戰後香港，有人說遍地黃金，機會處處。

這說法有其真實的一面，但也並不全面。現實社會中，有些人起步時已有一定的背景資源，也有一些人具備較別人更優厚的天資秉賦，又能把握香港高速發展的機遇而贏得美滿人生，惟也有際遇不同，受制於種種困局而未能一展所長的人。

儘管起點各異，但香港優良的教育制度，為拉近大家的距離而起了不可或缺的關鍵作用。香港從小學開始，已有接受多元化教育的途徑，不論貧富均有相對公平接受教育的機會。這個時期，雖然也有因公開考試成績影響而有所謂「名校」的分類，但整體而言，大部分學校取錄學生時，基本上沒有因為學生過去的成績而分別對待，學校主要考慮學生考入學試的成績，社會也沒有將學校分為高低等級，在這種不分等級、有教無類的學習氛圍下，學生不會因為就讀學校或者是獲編配班別的差異而受到不同對待、獲得不同的學習資源。在當時來說，這種教育制度更能體現公平教育的理念。

戰後二三十年間，人口大量增加，香港急需發展。在這個動盪、百廢待興的年代，正是機會處處，只要做事認真有誠意，勇於擔當，敢於爭先，大家埋首工作，努力爭取向上，大都能夠找到發揮所長、有用武的地方。因此，這也可說是遍地「黃金」的年代。

香港，作為亞洲四小龍之首，更能躋身紐倫港之列，也是因為香港有這一代的香港人，才能幹出這一番天地。

## 第一節 ● 培正少年也文也武均要爭先

　　1939 年 3 月，我在香港九龍醫院出生，時值二次大戰。1941 年香港淪陷，隨着回鄉大潮，兩歲大就跟隨爺爺、嫲嫲及父母逃避戰火，離開香港返回家鄉順德陳村登州。這段時期，離港返鄉的人為數不少，1941 年的香港人口約在一百六十至一百八十萬之間，1945 年月只剩下六十萬人，減少的一百萬人口裏，自願回鄉的就有數十萬。

　　回鄉逃避戰禍期間，因為故鄉家貧，父親無田無地，只得不斷遊走香港與登州兩地，帶些舊衣物賺點「水腳」（旅費）。祖父則在屋前建了個小竹柵，種些南瓜和勝瓜，又在村裏炮樓下種些蔬菜，生活極之艱苦。母親持家之餘，還要照顧帶病的小兒，日子過得非常辛苦。家中孩子相繼患病，更因缺乏適當的醫藥治療，三弟出生沒多久就夭折；患了腦膜炎的二弟，戰亂期間也因村中沒有醫生和藥物，結果不能走動、不能講話，長期臥床。我們一家就在廣東省順德縣陳村鎮這條非常貧窮的鄉村住了四年多，直到戰後才遷回香港。回港後，長期患病的二弟病情並無好轉，母親照顧他至三十二歲，最終，二弟因腎衰竭去世。同樣，五弟也非常不幸，在

香港時發現腦內有腫瘤，十七歲的秋天便去世。

戰後以各種原因從內地移居香港的人數非常龐大，香港人口總數由 1945 年的六十萬人迅速增至 1950 年的二百二十萬人，後來幾乎是每十年增加一百萬人，1960 年三百萬人、1970 年四百萬人、1980 年五百萬人，這個增長速度當然遠超於自然人口增長率。這些人主要是來自內地湧往香港，包括有部分私藏黃金、外幣的富有人家，但有更大批的是身無分文的「難民」，當時的香港幾乎變成一座巨型的「難民營」。

戰後的香港，重建教育事業面臨種種困難，包括校舍被毀、實驗室被破壞、圖書館書籍散失、桌椅教具不敷應用等問題。加上中國內地爆發內戰，大量居民湧入香港，令學校數目和學額遠遠供不應求，導致香港出現嚴重的失學問題。

我們一家於 1945 年後返回香港，先在深水埗長沙灣道與另一個有很多孩子的家庭共住一層單梯唐樓。因為當時家住深水埗，故順利進入附近的深水埗小學，每年我以優異成績升班，兩年半間完成幼稚園至小學二年級的課程，追回因戰亂而延遲入學的時間。有一天，母親說很多人排隊申請入讀培正小學，建議我也去申請。我本來不想中途轉校，因為深水埗小學是一所很好的學校，但後來還是接受母親的建議，插班考進以母語教學的培正小學三年級。

1933 年成立的香港培正學校，開設時只有小學，其後增設至高中部。到了 1945 年，它已是有逾千名學生規模的學校。在學位嚴重不足的時代，培正學校以歷史悠久、辦學出色成為當時香港的名校之一。我報考時，是一百五十個考生爭取九個空缺，結果幸運地以排名第一被錄取。當年培正小學一至六年級有八班（信、望、愛、光、善、正、真、誠），每班有五十名學生，即同級有四百位同學。這一所以中文為教學語言的學校，要到小學五年級才開始讀

兒時與母親

小學時與四妹

英文。我每年均考獲全級第一名，所有主科都排名第一，可說是品學兼優。學年結束時的頒獎典禮，爺爺都會拿着用來盛載水果的紙皮箱陪同前往出席典禮，協助拿回眾多的獎品、獎狀。

香港培正小學源自廣州浸信會華人牧師於 1889 年在廣州秉正街創辦的基督教「培正書院」。校訓「至善至正」，以基督教全人教育為理念，培養完整的人格與強健體魄。這樣的教學理念給我提供了一個多姿多彩的小學生活。

學校為了提高同學們對音樂的興趣，1951 年成立培正口琴隊，由於學校的支持，參加的同學愈來愈多，能手輩出；如翁建策同學、陳堯初同學和關澤培同學曾獲兩次高級口琴公開賽冠軍。五年級時我也加入培正口琴隊，翌年被選拔為口琴隊指揮，三十多位口琴隊成員使用多款口琴，特別是當時新興的半音階口琴，老師是葉惠恆先生。培正口琴隊有機會在許多公開場合演出，打對台是頗有名氣的梁日超先生，他用的是傳統的音階口琴。口琴隊外，我還學習了三年多小提琴，當時彈得不錯，可惜後來因為才三十多歲的老師患了肺癌不幸去世，遺下女高音太太和兩位不足四歲的小朋友。睹物思人，之後便再沒心情找新的老師。

此外，我也是「鐵茅籃球隊」及「紅藍劇社」成員，非常活躍，參加許多球類運動，包括足球、籃球、乒乓球、羽毛球、排球、壘球，以及游泳、駛帆船、滾軸溜冰等等。當然往後還有高爾夫球、吳家太極、少林禪功，亦嘗試拳擊、欖球、風帆、獨木舟，可謂多姿多彩。

老師還經常安排我主持一些課外活動，培訓我的領導能力，其中最重要的一個職位是當上「1958 年級銳社」的創社社長。培正有一項保持了一百三十多年歷史的傳統，每一屆同學於小學五年班時會成立「永久社」，寓意培正的同學情誼綿延不斷，而每一屆

五十五年後獲邀回培正中學的新禮堂向畢業生訓話

根據培正 130 年傳統在小學五年級成立 1958 年銳社,被校長委任為創社社長

與培正鴻雁文藝小組其中幾位摯友

香港培正中學一百三十周年與年輕同學分享心得

「永久社」各有一個冠上該屆同學讀到高中三（中文中學高中三便畢業）年份的名稱及該級社的社名，1958年是我們高中三畢業時的年份，當時選擇「銳社」為社名，所以這個在我們小學五年級時便成立的「永久社」就叫做「1958年級銳社」。本來我已經是小學五年級的班長，十一歲我再被選為「1958年級銳社」創社社長，帶領一個全級八班每班五十人合共四百人的組織。可惜在培正只讀完初中，即是中三年級便轉往英文學校，未能繼續帶領「1958年級銳社」。

「1958年級銳社」成立典禮在剛建成的一千三百人的大禮堂舉行，我在成立儀式作演講，那是我第一次的公開演講，是這一輩子難以忘懷的事。在台上的小學校長李孟標站在我後面，演講稿是老師寫的，直到今天我還記得演講稿中「銳卒勿攻」幾個字。五十五年後，我被邀請返回母校作中學及小學畢業典禮的主禮演講嘉賓，兼對畢業生訓話，後來這個有五十五年歷史的大禮堂隨即被拆卸重建，完成它的歷史任務。對我來說，也算是走過一個完美的歷程。

在培正初中二年級時，我曾與二十多位要好同學成立一個名為「鴻雁文藝小組」，定期出版刊物，我被推舉為組長。當年沒有今天以電腦打印的方便，就連影印機也未面世，然而同學們都很好，大家寫了文章便用最原始的方法印刷：先用鋼針筆在鋼板上抄寫，然後用油墨及屐皮刮複印出來，釘成本子，分發給大家。

當時有兩位家境很貧窮的同學，一位得了肺癆，一位沒錢交學費。雖然小小年紀，但我也很喜歡幫助同學，於是決定幫助他們，可惜自己零用錢儲得不多，唯有請父親資助。後來我與他們成為了很要好的朋友，其中一位在培正畢業，自己組公司，另一位在培正畢業後考進一所澳洲大學，還當上教授。

同學之間都是很要好的朋友，男女間有什麼不愉快的感情問

就讀深水埗小學的我

1963 年 10 月初開始三十天郵輪航程赴英，與家人同學及朋友在海運碼頭道別

題，其中的兩三位同學也會嘗試勸喻他們和好如初。有一次，我們到一位同學家拜訪，準備做「和事老」時，同學的媽媽以為我們來攪事，把我們趕走。可惜我這班最親密的老同學現在大部分都已離世，只留下無限美好的回憶。

　　為了有更多時間參加各種活動，我一直採用靈活的方法系統進修，以便騰出足夠的時間作課餘活動。例如，每科都會預先備課，比老師所教的通常提前最少三課準備，務求在老師上課教授時，即能牢牢記住，在考試前亦不用花很多時間準備。即使考試期間，也可以跟平時一樣，晚上九時便睡覺。讀書時，更習慣把收音機放在面前，聽着收音機。就讀培正時，每年夏天除運動外，總覺得暑假太漫長，所以每年都找三、四間學校參加他們的入學試，幸運地每次都被取錄，當中有的更是名校，大部分還建議我升高一班。當然我不會因此轉校，但對於這些禮遇，還是覺得很有滿足感。在培正度過七年愉快的日子，一直保有美好的回憶，1970年代我從英國回港的時候，曾經獲邀「重返校園」，加入培正中學顧問委員會。

　　在培正這一段期間，我學習生活愉快滿足，家境也日漸好轉。父親自小聰慧，讀書每試摘冠，學費從來全免，但因家中窮困無繼，唯有中途輟學。父親為三代單傳獨子，沒有叔伯，隨祖父前往廣州。父親十二歲便來了香港，先做小販，覺得沒有作為，於是到南針電筒廠當學徒，很快便升至管理級人員。父親自強獨立，勤奮上進，學了技術，積累到相當資金後，十八歲便自己設廠經營，成立安亞電筒廠，跟着又開設長江電鍍廠，潛心經營，兩間工廠都發展不錯，建了大型廠房。安亞電筒廠是當時的「四大」之一，而長江電鍍廠更是東南亞最大規模的電鍍廠。我十二歲時，父親買下又一村牡丹路17號地段，興建一所有前後花園的獨立洋房。父親

身為銳社創社社長，在培正大禮堂對一千三百位同學作處女演講

在舊立法會大樓

待人以誠，寧願自己吃虧也不要影響他人。記得我啟程前往英國深造前，他在碼頭送行一刻說，要給我一個「忍」字，要我做人要盡量「忍讓」。

## 第二節 ● 聖士提反寄宿體驗鐵桿兄弟情

上世紀五十年代，以母語學習的學生都傾向找機會轉讀英文學校，尤其是完成初中課程轉讀英文高班更是風氣。我的考慮卻不一樣，在培正的四年小學、三年初中，每年班主任都在成績簿寫着我應該在下一學年跳升一級，但爸爸總說求學不要太心急，應該按部就班。另一方面，我又嚮往可以享受更多發揮的空間、更自由的寄宿學校生活，所以最終選擇轉到赤柱的聖士提反中學，這是一所全男生寄宿學校，也是一所學費最高的貴族名校，好幾位早期畢業的舊生後來都獲頒爵士銜，在社會上很有地位。當時香港的寄宿學校不多，聖士提反中學有很長歷史和很好的環境和設施，學費每月八十元更是冠絕全港，是當時政府津貼學校每月學費十八元的四倍多。當時普通工人每月收入約在一百五十元到三百元之間，熟練工人也只是四百元至一千元之間而已。

聖士提反中學設施齊備，擁有私家泳灘，只比赤柱公眾泳灘稍小，操場可足夠有兩個足球場同時使用。許多老師都是英國劍橋大學、牛津大學畢業的，可說是一間傳統英式的貴族學校。

當時全港中學生畢業都要參加統一考試「會考」，中文中學第六年才參加中學會考，而英文學校第五年就要參加會考，所以進入聖士提反時，他們安排我唸的是中三年級，以便我有足夠時間準備會考。聖士提反中學對學生成績要求嚴格，逢星期六都要考試：Saturday Tests，進校後首四個星期六的考試，我的成績與班上成績

最好的學生比較，我的卻高出很多，而且差不多滿分。所以澳洲籍的校長 Mr. Bowie 找我談話，建議我即時跳級到中四，兩年後便可以參加英文中學的會考。

在聖士提反中學讀書，每逢星期六都可以回家，週日晚才返回學校。但因為與很多同學都很要好，大家通常週末留在學校繼續享受愉快的寄宿生活。除了多種球類、游泳、駛帆船、攀山外，一起唱歌、聊天，都是非常難忘的美好時光。可惜當時最要好的同學鄧炳良及張日昇，後來都失去聯絡。

我與同學之間的感情向來甚篤，其中一個例子是應考游泳試的故事。學校沙灘有兩個碼頭，相距二百碼（大概一百八十二米），能夠來回游兩次便成為中級泳手 "Junior Swimmer"，就可以在學校沙灘游泳；能夠來回四次，即是八百碼，便成為高級游泳員 "Senior Swimmer"，可獲准到赤柱公眾泳灘游泳。本來游泳不是我強項，但我卻決心接受挑戰，要考取高級游泳員資格，在考試時，我請幾位擅於游泳的同學伴泳，他們邊游邊推着兩個籃球，必要時把籃球拋給我，給我壯膽。其實當時無此需要，只是我對游泳自信不足，然而鐵桿好友支持，至今記憶猶新。

香港開埠初期，赤柱曾經是人口最密集的地方，是個重要的漁民聚居地，後來隨着城市發展，人口外遷，仍然留居赤柱從事漁業的人已經不多。上世紀中葉，赤柱這個小漁村，很多村民日間都要出海打魚，孩子們都要跟隨父母出海，所以根本沒有機會讀書。今天座落於赤柱市場道的赤柱體育會，是一座建於 1950-1960 年代的二層高建築物，前身就是一所漁民子弟學校，它由一班熱心人籌辦，專為該區漁民子弟而設立。我在聖士提反中學中四至中六那三年（1955-1958），每星期有三晚會跑到這所學校義務教導本來沒有機會讀書的學生，這些學生日間隨父母出海打魚，只好利用晚上時

間上夜校進修。

這義務工作很有意義，見到有些非常高大的學生，竟然只有小學低班的水平。當時我認為在一個文明社會，不應出現文盲，所以很有決心和毅力在那三年間每週給他們講課，這也正是我日後投身社會義務工作及各項公職的服務精神的因緣。

及至中五會考，我找來過往三年間主要科目的會考試題，自己將全部試題先做一遍，然後用打字機打出來，印發給全級同學。因為中四時，我覺得很清閒，所以也自修打字及 Pitman 速記，準備會考時可以報考這兩科，沒想到中五時校長覺得我已報考了十科，勸我不要再加考這兩科。我沒所謂，因為我已利用這自修得來的技能幫助同學應付會考。結果在 1957 年，聖士提反會考的會考成績是歷年最好的一屆，我的成績更是全港首三十名，得到兩個政府獎學金。爸爸追問我究竟考獲前列的第幾名，我只淡然回答：「不知道。」

## 第三節 ● 聖保羅男女學生樂於比拼深宵溫習

會考之後，我升上中六，即預科班的第一年，當時報考香港大學之前要修讀兩年的中六、中七預科班。因為我覺得中六的學科很容易，太沉悶，於是走到中七班修讀高級化學及高級地理，當時在這高一級的考試，兩科都考獲第一，該年也是「學長」（Prefect）。沒想到當時最有名的聖保羅男女中學校長 Mrs. Kotewall，因為看中我獲得兩個政府獎學金，於是請學校的主任找我多次，希望可以轉校到他們那裏讀高中六（Upper 6），即預科第二年、也可說是中七。其實我心裏是極不願意的，因為家住九龍又一村，學校在港島半山區，那時香港還沒有地鐵，要長途拔涉到

聖保羅男女中學上課，需經過一個多小時的車程、船程才到中環碼頭，還要從碼頭徒步上半山，極為麻煩。本來在聖士提反已經當了一年的 Prefect，第二年時，患有腿疾的英籍校長 Mr. Priestly 便要我當首席學長 Head Prefect，那是等於半個老師，要協助校務管理，對我來說是一個很好的挑戰。但最後我還是在預科第二年進了聖保羅男女校，因為當時能夠考進香港大學、尤其是修讀醫科的，要數聖保羅男女校的成功率是最高的。

我最不習慣就是聖保羅的學生不喜歡運動，只在小休時在課室桌椅之間踢踢小膠皮球而已。同學每早大多喜歡炫耀自己前一晚睡覺的時間多晚，有的說半夜十二時多，有的則說凌晨一時多，還有的更說凌晨二時多，更曾經有同學因為要朗讀出聲才能牢記，經長時間朗讀溫習導致失聲。我很不習慣夜讀，會考時晚上九時前睡，預科時也是晚上九時半便睡，後來在香港大學則於十一時前休息。

在聖保羅男女校時，還有一個挺有趣的巧合，有一位同學叫鍾泰開（Chung Tai Hoi），與我何鍾泰（Ho Chung Tai）的中英文名字只差一個字或一個字母，湊巧我們兩人也坐在一起，老師初時真不容易分辨我們兩人，唯一方法就是，聽書的那位是鍾泰開，不聽書的是何鍾泰！兩人學習方式不一樣，但後來也一同進入香港大學，一同入住當時最新的宿舍，且同住五樓。

就在這短短的大半年裏，我遇到一位很優秀的老師，Ms Christine Parker，後來是 Dr. Parker。她當時教四科高級課程（Advance Level）科目其中的實用數學（Applied Mathematics），她在英國大學剛畢業後便來香港教書。我上她的課程最容易，上課時專心聽書，下課後根本不用溫習，全都明白和記得很清楚，她教學方法上乘，Dr. Parker 後來成為聖士提反女子中學校長，也是一位教育界名人。

在香港大學工程系畢業典禮作專題演講

在香港大學工程系畢業典禮上向畢業生訓話

## 第四節 ● 酷愛數學選讀港大土木工程系

　　一年後，我考進香港大學修讀土木工程。香港大學入學試六科考獲 A 級，加上中、英文兩科，遠超進入大學的基本要求，選擇醫科是沒有問題的，但因為朋友說醫科沒有什麼數學，運用數學最多的學科是土木工程，而我還是比較喜歡數學，所以決定選擇土木工程系。當時錄取醫科及工程科的入學成績要求是最高的，後來卻因工程系收生不足，大學減了其中一科的要求，原本是物理、化學、純數、實用數學，另加中、英文，後來化學一科改為自願修讀，並非必修科。

　　我對數學的酷愛，源於在培正讀中二的時候，數學老師陳永明每課都只在黑板寫下一條「世界十大難題」之類的題目，便離開課室，不再回來。結果全班五十位同學通常只有數人做到，升班試時，大部分同學都不通過這一科，這種挑戰燃起了我對數學濃厚的興趣。陳老師後來也去了香港大學當教授。

　　當時有幾位很好的同學，其中有三位選了相同學科的，我們四個人一起溫習，鑽研課本，一同計算物理和數學練習題。其中一位叫梁應麟的，他也是修讀工程系的，同住在香港大學唯一有男女生的聖約翰宿舍，環境特別好，前面是大操場及大海。當時，我與梁應麟和鍾泰開三人同住五樓，我住 518 房，那是一間單人房，後來出錢「購」下這個房間，即是捐款興建宿舍第二期，所以現在這房間外邊應還刻有我的名字。在香港大學，我與梁應麟共同參與系內工程學會，梁是主席，我任副主席，安排活動給工程系的同學及已畢業的舊生，我也設計了學會的標誌。有時安排很受歡迎的禾稻草舞會（Barn Dance）。工程系的男生較多，很少女性參加我們組織的舞會，通常我就邀請一間女子中學的學生參加。

## 第五節 ● 港大學生代表乘坐「鐵行郵輪」訪問東南亞

　　就讀香港大學，學習是非常繁重的，但課餘生活也是多姿多采。值得一提的，1962 年的暑假有十一位不同學系的同學代表香港大學學生會，第一次被幾所東南亞的大學邀請訪問六個星期。六男五女的同學中有五位是醫科生。旅程首先乘搭三萬多噸的「鐵行郵輪」（S. S. Oronsay）到菲律賓馬尼拉，途中卻遇上颱風，船上只有四人到船上餐廳用餐，其他乘客都躲在船艙自己的房間不停嘔吐。我沒有暈船，故是上述四人中其中一位，我還走到甲板欣賞巨浪。船升到浪頂時，只見到天空，但回到低浪的位置時，只見到高的船桅杆在很深的浪底，浪頂就好像山那麼高，看似非常壯觀，其實十分駭人！

　　突然藍天一片、風平浪靜、天朗氣清，原來船已進入颱風的風眼！接着沒多久，狂風巨浪又來了，風向與先前不同，因為船已駛出風眼，再次走進颱風，風向隨而又轉，這是因為中心氣壓比四周氣壓高而形成的反氣旋（Anticyclone），身處的北半球出現的反氣旋是呈順時針方向向外輻散的。

　　我在馬尼拉曾到過富裕人士的墳場，每個墳都是很漂亮的房子，有空調，也有人看守，當我拿起相機正想拍照，導遊立即阻止，說拍照可能拍到很多靈界「東西」的！

　　接着隨船到新加坡，然後坐旅遊車前往馬來亞，馬來亞不同於馬來西亞，當時還未有馬來西亞，馬來西亞是於 1963 年 9 月 16 日由馬來亞聯合邦、北婆羅洲（今沙巴）、砂拉越及新加坡組成的聯邦制國家；其後新加坡州在 1965 年 8 月 9 日獨立建國。一行人經怡保轉到吉隆坡，因為旅程是由東南亞各大學學生會邀請的，所以訪問了馬尼拉大學、星加坡大學和馬來亞大學。

後來我們在晚上抵達檳榔嶼，全程坐了三十多個小時旅遊巴士，乘坐火車入泰國，這段旅程更加辛苦。火車極度古舊落後，地上、甚至座位下面擠滿了人，即是說火車大量超載。我們要三十六小時才抵達曼谷，真是十分難忘，大家都消瘦了很多。當然，我們又拜訪了曼谷大學作交流活動。

　　最後一站從越南走到西貢，現在是胡志明市。當時那裏已在戰爭狀態，但我們也訪問了西貢大學。市內許多地方都有軍隊駐守，軍人手上都扛着輕機槍。本來我們計劃前往柬埔寨的，因為比其他國家還要貴的入境證我們都拿了，但越南當地人卻告訴我們進入柬埔寨的邊境是沒有人可以保證我們的安全的，所以訪問團只好從西貢直接返港，完成六個星期的難忘旅程。

　　我在香港大學就讀的日子，是生命中一個非常重要的階段。當時香港只有一所大學，可說只有尖子才有機會入讀。我最開心的，是 2008 年 12 月 16 日獲頒香港大學榮譽院士銜，之後每年畢業典禮或大學頒發榮譽院士或榮譽博士時，都被獲邀參加典禮行列（Procession），坐在台上。我亦曾獲邀於工程學院畢業典禮作專題演講。香港大學慶祝九十周年紀念時，安排了一個傳承儀式，我和好朋友梁智鴻醫生都被選為畢業生代表，把火炬傳承給正在大學就讀的同學。

　　在大學時，我參加了好幾個學生活動組織，包括中文學會、天文學會及民族舞蹈組。在天文學會，我學會打磨天文鏡，與同好集體觀星。簡單來說，大學的寄宿生活，對我尤其寶貴，也影響我後來的人生。

獲香港大學頒授榮譽大學院士榮銜

香港大學九十周年，與梁智鴻醫生代表畢業生進行傳承儀式

小時候時常陪伴祖父聽粵曲，到長沙
灣道看小型足球及到修頓球場看乒
乓球世界冠軍李芝、保曼表演。

在又一村牡丹路 17 號大宅門前

# 第二章

# 年輕港人工程師在英國
# 造出多項典範

廿一世紀是「人才爭奪」的年代，也是今天香港走上更大發展的關鍵議題：如何爭取、到哪裏爭取、爭取怎樣的人才？

上世紀 60 年代，我在英國度過大學畢業後的第一個十年，取得土木工程博士學位及研究文憑，任職英國十大工程公司管理層，並獲兩間著名工程顧問公司邀為公司股東。一個東方小子在工程專業發展高度成熟的國家，親身經歷英國的環球企業、高等學府招攬人才的「搶人才」手段，他們靈活進取，唯才是用，的確是不拘一格。

當年我接觸到英國企業、高等學府招攬人才的靈活手段，對人才的尊重，可說是一種福氣；但不能忽視的，是我付出的努力、拼搏；更加重要的，還有我作為一個香港年輕人，在英國這個高度發展的工程專業系統內，對自身能力的自信、對我中國人身份的尊重，更是支持我不會輕易放棄爭取發展的機會，不會在外人輕視、欺凌面前低頭的最重要支柱。

今天香港要「搶人才」，除了關注政府政策、提高企業待遇，對於如何發掘人才的來源地，也應該有更客觀、更廣闊的認識。我覺得不一定是外來的和尚才會唸經，無須只聚焦如何吸引外地精英，而是應該留意本土人才的栽培與發展。香港人應該有自信，香港也不乏可在國際舞台唱主角的尖子、勇於任事的人才。不少香港人在海外各個專業也能展露才華，有能力佔一席位的，當然也能在香港發揮所長。

長久以來，不少中國人在洋人面前或多或少都有一種自卑的心態，香港雖然與國際接觸較多，但很多香港人也有以洋人為尊的心態。無可否認，自清末以來，近二百年來中國受盡

西洋國家的欺凌，在洋人面前長期活在一種「低聲下氣」的壓力下，再加上回歸前一百五十多年的港英政府的殖民政策，香港人更是處處以洋人為尊、以英語為先。今天因為中國國力復興，多方面的發展均已趕上外國，國人自尊心也不斷得到提升；但其實即使沒有今天國家實力的支持，我們也要相信中國人的能力、智慧，從來都不比西方人遜色，加上國人勤勞認真的本性，可以做得比西方人出色的比比皆是。

## 第一節 ● 英國進修抵步即獲獵頭加入十大工程公司

在香港大學讀書時，我已經想到外國取些國際級的實踐經驗，可以更好地回來香港發展。香港大學畢業後，便決定負笈英國繼續深造。

父親謂乘搭飛機太危險，坐船較安全。但其實船票不比機票便宜，尤其是一艘只有頭等客艙的「鐵行公司」客輪。1963 年我啟程前往英國，在尖沙咀海運大廈碼頭登上「鐵行公司」的 Cathay S. S. 號，當時要三十天才抵達倫敦。途中短暫停留幾個地方，包括新加坡、曼谷、蘇彝士港（Port Suez）、塞得港（Port Said）、亞丁（Aden）及直布羅陀（Gibraltar）。幸好是在第三次中東戰爭之前，當時蘇彝士運河還未被封鎖，可以上岸在埃及遊覽，到沙漠騎駱駝、參觀金字塔及獅身人面像（Sphinx）。

在船上最初三個星期的感覺還是不錯的，可以每天觀看日出日落、聽小型樂隊表演、在泳池游泳。船上大部分都是從印尼、馬來亞、星加坡等地退休回國的英國長者，所以都是老人家，與他們聊天是很好的交流，但漫長的三十天都是這樣與比自己年長四十年的長者、退休人士相對，就未免有點枯燥，所以第四個星期就開始

發悶。許多人都說前往英國中部的曼徹斯特城市，可預期整年都天天下雨、十分潮濕。這種預警本來已經給我一個很好的心理準備，不過經過三十天的海上旅程，上岸後有兩、三個月還感覺身體好像搖搖晃晃，耳朵不斷聽到船艙的機器聲音，抵步後的曼徹斯特是否天天下雨、陰陰濕濕，反而沒有什麼感覺。

抵達倫敦未轉飛機前往中部的曼徹斯特時，我特地走到倫敦市中心的 King's Cross 火車站，找到一位英國人的擦鞋匠，一邊擦鞋、一邊手中拿着準備送給爺爺的煙斗，擺好姿勢，拍了一張值得紀念的照片。記錄了一個中國年輕人，走到英國首都市中心，悠然自得，享受着一位本地人提供的擦鞋服務的時刻。

到了曼徹斯特大學，我入讀研究院修讀博士，住在剛建成的研究生宿舍「Moberly Tower」頂樓（十四樓），跟隨當時 Soil Mechanics（現改稱岩土工程［Geotechnical Engineering］）全世界三位最有名氣的教授之一的 Professor Peter Rowe 作研究。

沒想到我 1963 年 11 月進大學後短短兩個月時間，就有兩間當時英國十大工程公司 Taylor Woodrow 及 Cementation 積極邀請我加入，極力勸說不要浪費幾年時間做研究，不如早點走進行業爭取實踐工程經驗。我不知道他們如何獲得資料，又如何判斷人才的價值。兩家公司都發出邀請函，提出很好的條件邀請我加入他們的工程團隊。經過一番考慮，我鼓起勇氣向教授提出改為用八個月時間修讀完研究院文憑。接着選擇進入 Taylor Woodrow Group 的倫敦總公司工作，追求新的挑戰。雖然當時沒有在曼徹斯特大學完成博士學位課程，反而多年後在 2001 年 9 月 15 日獲曼徹斯特大學頒授榮譽法律學博士學位；本來在這年之前，大學已提出頒發榮譽學位，但因為當時我太忙，未能到英國接受，所以婉拒。後來大學又再次提出邀請，最後終成其事。校長專程來港，在一間五星級大酒

在抵達倫敦第一天到 King's Cross 火車站找來擦鞋匠
擦亮皮鞋，準備乘火車到曼徹斯特大學

獲曼徹斯特大學頒授榮譽法學博士學位

店安排一個晚宴，席上給我頒發這榮譽法律學博士學位證書。

## 第二節 ● 派回香港整固海運大廈結構裂縫

　　Taylor Woodrow 是一間龐大的工程公司，是當時英國位列前十名的大型工程公司，可讓我有機會在短短的三年時間裏，在設計和工地方面得到許多寶貴的大型工程經驗，尤其是工地工作經驗。想不到公司雖然有不少資深工程師，但他們卻不一定願意負責較困難的工程項目，這反倒給我提供了不少機會，參與的工作都是一些很複雜和合約時間非常迫切的工程，由此我獲得很多很寶貴的實踐經驗，以及處理工程問題的機會。英國的專業人士，大都不會在工作上「搏殺」的，上午十一時及下午三時半，大家都會停下來休息半小時，吃麵包、喝咖啡、聊聊天。曾經有一位繪圖的同事取得工程師專業資格後，不願當工程師，寧願繼續做工作較輕鬆的繪圖員。

　　相反，我最愛就是向難度挑戰，人人認為棘手的問題，人人也不敢碰的地盤，我就愈愛把頭往裏鑽。當時的情況可以說是：「唔難唔搵我做，唔難我亦唔做，其他人唔敢掂，我就專門去做。」（不困難的不找我做，不困難的我也不做，其他人不敢做的，我卻去做。）為了在最短時間獲取最寶貴的實踐經驗，我必定搶先爭取負責難度高的工程項目，很快便獲得公司高層信任，加入公司第六個月就被安排進入管理層，有自己的秘書和房間。

　　事有湊巧，我很快就被派回香港，處理一件非常迫切的工程，為期三週。那就是尖沙咀海運大廈的地基出現不平均沉降，上蓋有倒塌危機。海運大廈是全港最重要的大型碼頭，停泊大型船隻，包括遠洋客輪。

海運大廈的工程設計，其實是半預製件式，樓底很高，所有的柱都是預製件，同時在超過五、六米高的第一樓層的每根柱都造了一混凝土塊，在兩柱之間，雖然跨度很大，但要先放一條半深度的橫樑預製件，然後在這橫樑預製件上面現場澆灌混凝土，完成整件橫樑上半部。但因海運大廈地基的椿柱做得不好，承建商未有將椿柱打到石層，所以引致上面的建築物框架不穩，兩邊頂部的樑柱間出現了很多45度的剪裂紋（Shear Cracks），這是很危險的，最容易令建築物有隨時倒塌的危險。

負責工地的項目經理是一位肥胖的英國人，他告訴他的同事要把所有與這一項工程有關的資料封鎖，因為我是英國總部派來的。可能他不想讓別人，尤其是總部的代表查閱相關資料，藉此隱藏自己可能的錯失而不被發現。幸好我用盡辦法，成功取得足夠資料。回英國後，利用3D的三維結構計算，提出合適、最符合經濟效益的加固工程的設計，圓滿的完成任務。至今，算來已經差不多六十年了，海運大廈結構仍然很堅固，屹立不倒，不過開車進入停車場時，可以抬頭注意一下，還可見到經過修補的45度裂紋！

## 第三節 ● 參與倫敦 Barbican Estate 的建造

此外，我還參與過一項值得一提的工程項目 "Barbican Estate"，這是倫敦市內規模最大型的工程之一。Barbican Estate 位於英國倫敦市中心倫敦城北部的一組大型建築群，整個建築群除了高層和多層居住用房外，還包括學校、博物館、青年會設施、消防站、診所、音樂學院、圖書館、美術館和大型表演藝術場所，Barbican Estate 在 1965 年動工，1976 年建成。著名的巴比肯藝術中心（Barbican Centre）就是這組建築群的其中一個組成部分。當時的我年紀尚

曼徹斯特大學校長親臨香港為我頒授榮譽
法律學博士學位

用兩年半時間完成倫敦城市大學工程博士
研究

輕，不到三十歲便獲委任負責如此重大的項目，實屬不易。

Barbican Estate 這個項目，由三間大型工程公司共同興建，分別是 Taylor Woodrow、Turriff 和 John Laing。每間公司負責不同的建造部分，由不同公司分別負責的分組部分，在結合時有非常高的標準，無論是橋樑、護土牆、隧道，都要建造得非常準確，與設計要求的偏差不得超過 1/8 吋（當時還用英制），否則出錯的公司便要把負責的部分拆卸重造。因此，為了肯定自己負責的工程的質量和準確性，我必定親自用儀器先定下每一項工程的主線和水平點，才讓屬下測量人員進行詳細的測量工作。

這工程項目每部分在建造上都是高難度的。例如，當時我負責的合約範圍是在倫敦地鐵站 Aldersgate 車站前面一個工地，向下挖深三十呎，這個工地四面環路、交通繁忙，工地下面有一條地鐵行經的隧道，上面興建的樓宇在三層的高度以上才有樓層。三層高的柱，直徑三呎，要用鋼筋混凝土分開三段建造。這個工程最困難之處，是每根柱內都要造好兩個一呎直徑而絕對垂直的洞，這三層高柱內的兩個洞，裏面不可以有任何凹凸部分，洞壁必須是完美的滑面，因為這個樓群是採用 Matthew Hall System 的廢物處理系統，從樓上住宅廚房洗碗盤沖下的廢物廚餘，直達地面，由專門設計的貨車接過後送往廢物廠處理。

## 第四節 ● 「灌豬腸」造出三層高柱內光滑洞壁

但怎樣在這三層高柱裏面造出兩個一呎直徑圓洞的光滑洞壁，讓樓上住戶的廚房將廢物順着洞內沖下，中途不受任何障礙直達地面，的確是頗費思量的。我想出來的方法是把兩個 1 呎直徑的膠管（我給同事形容這是「豬腸」），放在直徑三呎的玻璃纖維柱

模內的鋼筋之間，但這個膠管不能固定在鋼筋上，過程中必須小心精準計算時間，在澆灌混凝土後，能夠把膠管慢慢小心抽出，而周圍的混凝土又不會塌陷，這是一個極高難度的工地營造工作。能夠戰勝這一項挑戰，是一件很有滿足感的事。之後曾經問過許多工程界人士，從沒有人能夠提出另一個可行的方法。

　　三層高的柱分三段建造，但每一段都要證明給駐工地顧問工程師，讓他滿意達到合約的標準要求，即是絕對垂直而兩個洞裏面都圓滑無障礙物。因此，又要想辦法向他證明。找工地工人鋸了一塊一呎直徑的木板，要完美的圓形，用繩把它慢慢地放進洞內，然後邀請顧問工程公司（Ove Arup）派來的英籍工程師用耳朵貼在地面上細心聆聽，把圓形木板放到洞底的整個過程都不應有碰到內洞壁的聲音。每一段都要重覆用這個簡單的測試方法，最後要把整條柱連同裏面的兩個垂直洞在圖上繪畫出來，呈交顧問公司作為記錄，才完成整個建造過程。

　　這個項目讓整幢建築物的設計都非常奇特，陽台的樓面與圍牆不是 90 度的，而是船形（Boat-Shaped），屋頂要營造許多拱形混凝土板塊（Vaults），這都是建築師作裝飾用的，建築師在辦公室繪圖是很容易的，但在工地上要完成這樣的工程卻是極富挑戰性的啊！我經常對人說：「你在圖上畫一條線，在工地上可能是直削下去的懸崖；在圖上繪一個四方形，可能就是一個很深的坑；例如 Barbican Estate 在 Aldersgate 地鐵站向下挖的三十呎深的地基。」

　　我負責過的項目，每次都是要動腦筋去解決不少困難問題，例如倫敦西部近高速公路 A3 有一座很龐大的飛機維修廠，要改建為幾個大型法庭，但不容許拆掉原有建築物。但問題是：所有圖則和建築資料都在第二次世界大戰後找不到了。最後只好把建築物的各個部分量度出來，再猜度裏面的鋼筋情況，然後重新設計。所

協助汶川大地震重建德陽可育小學,為提高防震水平提供隔震設施

向四百位大角咀區居民講解興建高鐵對屋宇的安全問題

以，我經常需要用梯攀上去自己量度。

## 第五節 ● "Snugtight" 創出法庭上工程專用術語

我的另一次寶貴經驗，是要檢查倫敦幾條有幾十年歷史的舊火車鐵橋，多年使用後，必須找出剩下的荷載量，決定要否加固及怎樣加固限荷載重量，甚至是否要拆卸，這個工程項目叫"Bridgequards"。

此外，我又負責另一個出名的項目。1960 年代中，在倫敦東部倫敦碼頭附近，紐漢倫敦自治市（Newham）的景寧鎮（Canning Town），採用瑞典專利預製件建造方法（Larson and Neilson System）興建 Ronan Point 住宅區，都是十多幢二十二層高的住宅樓宇。1968 年新區入伙後兩個月，有一家人不小心使用煤氣引致強烈爆炸，許多建築物的預製件都鬆脫了，懸掛在外牆，幸好沒有掉到地面。事件由一位法官作專案調查，我被聘為「專家證人」，那是一個非常技術性的調查。參與專案調查期間，值得一提的，是利用這個瑞典建造系統，這個 "Mechanised System" 的所有預製件之間都有機械式構接（Mechanical Joints），用特種螺絲互相扣連着，收緊螺絲時，不可太鬆，亦不能太緊。當時法官突然問到，扣連這些構接時，要用什麼力度才合適，可否用一個字去形容。法庭上法官的提問，要當場即時回應的，無法翻查字典，當時我福至心靈，說出了一個詞：Snugtight；法官問："How to spell it（怎樣拼寫）？"，我即場解說那是一個美國用的字，法官說："OK."，就這樣過了關。也許，"Snugtight" 這個詞自此也就成為與建築相關的法庭專屬用語。

在 Taylor Woodrow 短短三年多，我這位從香港來的二十來歲

興建將軍澳隧道，巡視工作進度

以校董身份出席五育中學畢業典禮

年輕工程師，除提到以上的複雜項目外，還同時兼顧許多個英格蘭東南部及沿海的項目，另有一個在中部，是採煤礦後的礦場要興建樓宇，以及在一個接近法國的英屬澤西島（Jersey Island）上，每個月我要駕車到倫敦希斯路機場，然後乘飛機到島上，先巡視地盤，接着主持工地會議，檢討進度，提出指示，然後乘飛機返倫敦。其他沿岸及中部的項目，每一個都要駕駛前往巡視，都必須用上一天的時間。

在 Ronan Point 項目工地工作的時候，剛好我第一個孩子出世，這孩子食量大，每天要喝七次奶粉，與太太分工後，我負責半夜兩點那餐餵奶粉。安頓孩子睡覺後，已是深夜三時，惟當時每朝必須在六時前便要從倫敦西部的住所開車到倫敦東部工地工作，亦不可遲於八時抵達工地。因為在外國居住，沒有親戚，也沒有家傭，真不容易應付這高度繁忙生活的重擔的。

在繁忙的工作中，我只用了最短的三年時間便考獲英國土木工程師學會會員的專業資格，當年合格率極低，本來 1967 年我已能夠成為會員，但卻傻勁地要求等到翌年在學會的周年會員大會上，由會長親自頒發證書給我，所以延遲了一年才正式取得會員資格。

## 第六節 ● 兩年半完成別人八年無法完成的研究項目
### 獲頒博士學位

在英國期間的際遇，是特別而預想不到的。可能經過這幾年，我在英國工程圈內已經薄有名聲，不但受到工程公司主動要約，還莫名其妙地接到大學的招攬。當時倫敦城市大學土木工程系主任 Professor Peter Wolf 親自找我進行研究以獲取博士學位。初時

我表示沒有興趣，因為公司的專業工作發展得非常順利，不想停下來走進大學做全職研究。也向對方解釋因為我在公司管理層的收入，比同期的工程畢業生高出不止一倍，但院長卻說可從大學研究經費給我當時的薪金再加百分之三十。這個要約條件實在相當吸引，同時又可得到寶貴的大學研究經驗，確實是個很難得的機會。但當我詢問院長完成研究及呈交論文所需的時間時，院長說最短三年、最長八年。我即時回答說：「我沒興趣了。」院長問：「為什麼？」我說：「時間太長。」院長再問我希望什麼時候可提交論文，我不假思索便說：「兩年半」，沒想到院長睜大眼睛大叫一聲："You must be mad, Mr. Ho！"（何先生，你一定是瘋了！）院長說先前的英國研究生做了八年全職研究，卻沒做出任何結果，最後導致精神出了問題被送進醫院。因為這項研究是政府資助的，英國標準機構（British Standards Institute，簡稱 BSI）正草擬鋼筋混凝土的設計規範（Reinforced Concrete Design Code），整套規範還欠 "Bond" 的部分。"Bond" 是鋼筋與混凝土接觸的效應，也是鋼筋混凝土結構的最重要的部分，如 Bond 不好，建築物就會塌下來。要制定這個規範，當然不是輕鬆的事，但當時我有一鼓非要顯示我們中國人有非一般能力的想法，一定要比最短要求年期的三年還要短，所以我還是堅持兩年半交論文，最後院長只好同意。

在大學進行博士研究真是一個莫大挑戰！尤其是一個實驗方式的研究（Empirical Research），要在實驗室先做許多 12 吋乘 12 吋的鋼筋混凝土橫樑試驗樣本，先浸泡二十八日才可進行測試，測試時要對樣本逐步加大壓力，直到橫樑樣本爆斷。然後是在全身穿了像太空人的保護衣下，用鑽石鋸橫切面切開橫樑作研究，在切割橫樑時要不斷噴水冷卻，過程十分刺激。

我在準備每一條橫樑樣本時，都要做大量工作，首先把一根

根的鋼筋切成合適長度，在部分鋼筋表面稍為磨平，用液體清潔後，把 Strain Gauges 壓力儀，用強膠固定在鋼筋磨光滑部分，再連上幼細的電線，實驗時用以量度鋼筋的承受力度的變化。做好鋼鐵模後，把預先準備的鋼筋籠連同 Strain Gauges 及電線小心放進去，然後澆灌混凝土，同時做混凝土磚以測試混凝土的載重量。澆灌做橫樑時，要小心不要令電線鬆脫，同時要做混凝土磚作二十八日的試驗。這一段時候，經常要扛抬鋼筋，手掌連手紋都磨平了。

實驗室技術員共有四位，都是不同國籍的，有威爾斯（主任）、蘇格蘭、英格蘭及印度的。他們通常在下午五時便開始洗手準備下班，五時半便開車離開，因為英國人習慣住在離工作很遠的地方，許多人都要差不多兩小時的車程才能回家。但需要每星期最少兩次進行實驗研究，每次最少到晚上九時左右才能完成，因為在測試橫樑荷載極限時，需要不斷加大壓力，直到它斷裂。過程中整隊工作人員都必須非常小心，互相配合，必須與實驗室團隊保持非常良好的關係，像親密戰友一樣，所以每逢星期五下班後，大家都一起到酒吧聊天，擲飛鏢（Darts），聖誕節還一起跑兩三間酒吧。

## 第七節 ● 制定英國鋼筋混凝土設計有關 Bond 的規範

要進行橫樑的終極測試，先要在機械房（Work Shop）用車床（Lathes）把工字鐵切割好，準確地鑽了孔，讓螺絲（Bolts and Nuts）接駁成一個大型測試鋼架（Testing Frame）。我們只能有六個星期的時間可以使用機械房，但在這之前我沒有使用車床的經驗。這個測試工序其實是很危險的，一不小心就很容易把手切斷。所以必須戰戰兢兢，一步一驚心。在實驗室，除了要扛抬沉重的東西之外，其它時候是不會有人協助的。在測試過程中，要不斷讀取

Strain Gauges 的數據，以計算橫樑受不同模式加荷載時的力度變化，所有讀數都要用電腦計算分析。

然而，當時的電腦很原始的，只有 Fortran 4，沒有鍵盤，還要用手一張一張地打電腦卡，有時用兩隻手指，有時用三隻手指，打好數千張電腦卡，然後將一箱箱的電腦卡親自送進電腦室。自己寫程式，然後分析由電腦出來的結果。因為要拿到博士學位，研究成果必須是全世界第一次發明或第一次發現才可以的，所以急於自學簡單的法文及德文，最基本是拿着字典，便可知道那個國家的研究人員進行類似的研究，了解他們的研究內容、方向及進度，不能讓他們比自己搶先完成，否則自己的研究將會前功盡廢。這是一個非常激烈的競爭過程，精神壓力極大。

研究過程中又要不斷接受學院非常嚴格的審核，每兩個月就要把研究的最新結果和進度用兩張紙寫出來，學院從其他不同學系找來二十多位大學同事做一個兩小時的質詢。我要回應他們根據那兩張紙報告提出的相關問題，其實這也沒有太大的難度，因為相對來說這些來自其他學系的同事都是「外行」，問不到什麼複雜的問題。

1968 年底我開始研究工作，翌年，第二個孩子出世。我就忙上加忙，但想到自己當初向 Professor Peter Wolf 院長「大口氣」要求兩年半呈交論文，心裏的信念是：「中國人一定要比別人強。先前的研究生用了八年時間卻做不出任何科研成果，不等於自己也做不到。」一直以來我都有強烈意願，在國外一定要表現出中國人是優秀的，秉持着這一信念，以無比的毅力和決心，最終在兩年半做完這樣困難的研究。記得在最後的六個月，睡眠的時間也越來越少，最後把研究結果寫成兩吋厚的博士論文，以及一篇報告，在一份重要的國際工程刊物刊登。英國標準機構（British Standards

與香港大學徐立之教授

獲頒香港大學榮譽大學院士

Institute）也採納這份報告，作為規範當中有關 Bond 的重要部分，至此也就完成英國鋼筋混凝土設計的整套規範，給工程界在國際上採用，我完成這個博士研究，是很有滿足感的一件事，是一生難忘的。

我三十二歲完成博士研究後，也考取了工程專業資格，院長 Prof. Wolf 邀請我留校當教授，他說：「你將會是英國最年輕的教授。」但我總覺得研究工作和教書都是沉悶的工作，而我又早已考取土木工程師的專業資格，總想盡快返回競爭激烈的工程專業圈子去打拼，所以婉拒了 Prof. Wolf 的邀請。

在英國這十年，日子過得很緊湊，重大的項目一個接一個的，我從中汲取的經驗，不但證實了自己的實力，最欣慰的是我從小到大，都相信中國人的能力、智慧不會比西方人遜色，加上中國人勤勞認真的本性，可以做得比西方人出色的比比皆是。我第一天踏上英倫大地，在 King's Cross 火車站找了一位英國擦鞋匠，拍了一張在倫敦街頭拿着煙斗邊擦鞋的照片開始，就不覺得自己比不上西方人。在公司裏，經常有洋人欺負香港同事的人，經常喝罵 "Silly"、"Stupid"、"Idiot"、"Dump"、"US"（Useless），也有香港同事低頭不語、逆來順受的。但我每次都看不過眼，必定拔刀相助，以事實反駁，指出這些英國同事在工作上的失誤；更有多次是他們應付不了的難題，不敢接手的項目，只有我能解決。慢慢地，在我們辦公室內，就不再出現洋人對香港人的無理欺凌責備。當然，這也因為我身處管理層，對改變這種辦公室內對華人的欺凌情況也有不少的幫助。

不少中國人在西方人面前習慣性地抬不起頭，這到底是別人的標準太高，還是自己挺起腰板的意志力不足、缺乏信心？又難道只有西方人定下的標準才是世界的標準，其他人不敢挑戰？所謂西

方的標準，經常都是雙重標準。我們今天處身世界發展的大變局，
這真是我們要面對的一個最根本的考題。

　　對香港人而言，也許中、英語文能力的差別曾是壓力之一，
因為香港在港英政府長期的殖民統治下揚英抑中，往往因為英文能
力欠佳，很多香港人失去發展機會，造成他們在洋人面前有種不如
別人的感覺。雖然在回歸前，就早已有中、英並重的政策，但事實
上，到了回歸後的這二十多年間，香港社會包括政府內部，仍然處
處有着以英文為本的做法，很多政府公文的中文版本，仍有不少從
英文翻譯過來的痕跡，可見政府行文，仍然有不少是以英文文稿為
先，再作中文翻譯的。中文未能得到真正應有的重視地位之前，這
種媚外自輕的心態，恐怕仍難以根除。

長期拿獎學金的父親在十二歲時被迫
當小販養家，但在十八歲卻開展企業
之路

一生任勞任怨的偉大母親

第三章

# 香港新市鎮及基礎建設的第一波發展

七十年代的香港，經歷 1967 年的動盪，衝擊了整個社會及政府管治系統。時任港督麥理浩爵士，提出許多大型基礎建設計劃，包括地鐵項目、公共房屋，用十年時間把市區一百八十萬人口遷到新界的第一代及第二代新市鎮，以應付預期香港十年間人口增加一百萬的急速膨脹速度。

我在英國曾負責多個大型項目，又完成了關乎整個行業其中一環 "Bond" 的規範制定。回流香港時，我正遇上香港第一波基建發展時期，並接連參與多項城市拓展及基礎建設的特大工程，尤其是填海造地，見證當時已變得更主動的港英政府面對多方面的社會矛盾，更積極的加強香港各方面的民生建設，開發新市鎮，進行多項大型基建工程。

香港正由發展中地區蛻變為先進的經濟體，起飛中的香港給有志之士創造了不少發展機會。香港作為一個國際大都會，對工程業界來說在香港工作可以取得寶貴的經驗，因為這時香港正在發展多項基建工程，規模大，時間緊迫，合約期一般都比較短，項目設計複雜等等，全是很大的挑戰。一年的工作經驗，比在外國兩年的經驗更為寶貴。在這樣的氛圍下，吸引一批遊走香港與海外的業界精英，他們帶着海外的發展經驗，引入較成熟的專業知識；精英們又以自身的專業能力，吸引海外的人才及資金等資源投入香港的發展，他們的國際視野和外國的專業經驗均十分難得的，這造就了香港自七十年代以後的高速發展，成為亞洲四小龍之首。

當時香港的中、小學，中國歷史是必修科，香港雖然在殖民政府的治理下，但自小我就可以從中國歷史學習中探求自身的國民身份，對我來說，早已存在服務社稷、協助弱勢社群

的心願，所以在出發英國之前，已有十年為期返港發展的決定。反觀回歸以後，香港特區政府莫名其妙地取消中國歷史作為必修科目的要求，對於思想仍未成熟、仍需接受施肥灌溉的年輕學子，難免出現對身份認知的空檔，對中國人身份的認同產生迷妄。希望香港特區政府重新重視歷史教育，推出國民教育以後，可以加強香港年輕人對家國的認同，更願意以香港為家，積極投入香港以及祖國的建設。

## 第一節 ● 堅守本來意願回歸服務香港

1963 年 11 月 5 日我抵達英國，1973 年 11 月 8 日返回香港，一共十年零三天，正符合原初定下負笈英國的十年計劃。決定返回香港之後，繼而很快就接獲以英國為總部的國際顧問公司的邀請擔任助理股東，重新加入工程公司的工作。

二十四歲至三十四歲這十年期間，我在兩間著名大學修讀岩土工程研究院文憑，又經研究獲取工程博士學位，此時只是三十四歲，倫敦城市大學仍破格邀請留校當教授，雖然因為其他考慮婉拒邀請，然而獲得如此賞識當然也是一種光榮。這十年期間，我又在英國十大承建商之一的 Taylor Woodrow Group 工作，同時又考獲專業工程師資格；曾在任職的兩間工程顧問公司任管理層工作，兩間公司更邀請我成為公司股東。

在英國這十年打下的基礎，在正常情況下當然不輕易放棄，但我因早已決定根據原定計劃，不改初心，十年期滿便離英返港。在這十年裏，我已取得全面工程經驗的基礎，為了追求更上一個層次的發展，必須尋找新的挑戰，所以種種優渥待遇都拒絕了，只接受當兩間公司的助理股東，很榮幸的兩間公司仍然贈予股份，每年

都可以分得紅利。

可以說，我在香港大學畢業後，用了十年時間在英國取得全面及堅實的工程資歷及經驗。那時候，英國最大顧問工程公司之一的 G. Maunsell & Partners 主席 David Lee（英國人）邀請我回港加入他們在香港已成立四年的分公司 Maunsell Consultants Asia 當助理股東。邀請加入公司的工作安排，是負責剛從香港政府取得的第二個工程顧問項目，即 5.7 公里長從油麻地直到荔枝角的市區高架天橋「西九龍走廊」。

這又是一個相當吸引的新挑戰，所以我便接受要約，但我提出條件，要求公司資助一家四口共六個星期的旅程，希望面對舉家遷回香港這個大轉變，不會太過倉卒，讓家人有較多的過渡時間，在回流的過程中可以更加順暢。一家從一個住了十年的地方遷回香港，當時考慮是全家生活方式和居住環境的巨大轉變，是需要很大的努力和一段時間去適應，所以一個較長和遍遊幾個國家的旅途，可能面對新的生活環境會較易、較快融合，尤其是兩個幼齡的小孩子。

這六個星期的行程，由英國先到紐約、加拿大多倫多及溫哥華，然後美國三藩市、洛杉磯、夏威夷、日本東京、台灣，之後回港。其實，雖然說是任職前的渡假，但攜帶大量行李及一個四歲、一個六歲的兒子「跑碼頭」，真的不輕鬆，身為人父，真不容易。

1973 年 11 月我返抵香港，加入 Maunsell Consultants Asia。工作方面，首先要盡快協助擴大一間只有二十名員工的外國工程顧問公司，我到位後除了馬上要負責的「西九龍走廊」高速公路項目以外，還拓展了公司在土木工程以外其他工程專業服務，例如結構工程、岩土工程、環境工程、鐵路工程等。所以在這公司工作期間，我有機會參與市區高架橋樑、新界高速公路、斜坡工程、交通顧問

以立法會工務小組主席身份參與地鐵西港島線工程動土

代表茂盛顧問工程師事務所與政府簽約，負責政府所有在將軍澳的基建設計及工地合約管理

服務、醫院和高層樓宇的結構工程、所有第一代的焚化爐和垃圾綜合處理廠、幾個焚化爐的煙囪、船塢、碼頭，鐵路等。經歷了多個與環保工程有關的項目，這期間推動環保工程，不遺餘力。2004年中華電力公司集團主席 Mr. Andrew Brandler 來香港履新時，曾邀請我出席中電的公司聚會，給二百多位高層管理人員作專題演講，題目是「區域冷卻系統」（District Cooling System），當時的運輸司梁文建也在座。

對公司在香港的發展更為重要的，是除了政府的工程項目以外，同期我也成功開拓多個非政府的私人工程項目，這個範疇公司過去都沒有參與，例如私人市場的結構項目。最初是協助華懋、合和或與建築師合作，例如關吳黃建築師合作設計的 Island Hotel（現時的工程學會會址），以及崇光，本來有兩條天橋連接兩幢大廈，但最後因兩大廈的業主無法講好條件，結果放棄。後來當了歌星的關正傑那時候就是建築師則樓的代表，所以經常要與他進行工作會議。

1975 年，公司為了肯定我的重要貢獻，來信邀請我由 1976 年1 月開始成為股東。1976 年，我又開始負責剛取得的九廣鐵路現代化及電器化項目，當時工程造價是三十億元（若以今天折算應該是數百億元的工程項目）。這是當時唯一一條鐵路，由九龍塘至羅湖，即現時的「東鐵」，一共十個車站。這個九廣鐵路連接香港與廣州的鐵路項目，計劃就是把柴油推動改為電力推動的鐵路運輸系統，時速由四十五英哩提速至七十五英哩。還有沙田何東樓的火車維修廠包括約二米厚、面積 2.7 公頃的混凝土板塊（Transfer Plate），是用來承托維修廠上蓋的九幢樓宇，那就是後來成為李嘉誠長江實業（和僑光置業合作）發展的銀禧花園，八幢高層住宅、一幢較矮商場的多層建築。當時的設計要求是，維修廠內如有任何

以立法會工務主席身份出席兩鐵合併儀式

獲香港工程師學會頒授榮譽資深會員
Honorary Fellow，這是最高榮銜

一根柱被火車撞掉，上面的九幢樓宇的結構不會受到影響。

## 第二節 ● California Barriers 技術建造西九走廊高架橋

　　吸引我回港的 5.7 公里長市區高架天橋項目就是「西九龍走廊」，因為沿線經過香港人口密度高的地區，油麻地、旺角、深水埗、大角咀及荔枝角，高架天橋要在密密麻麻的大廈之間穿過，但要求是盡量避免遷拆，甚至遇到樓宇伸出來的露台都要想辦法在高架橋的走線調整，而不是拆掉那些露台。

　　西九龍走廊是香港最早興建的市區高架橋之一，我們都引進許多較優良的設計，例如車道中間及兩邊的 "California Barriers"，這個屏障的角度與斜度的設計，可減少汽車撞欄後翻車的機會。

　　我自加入公司以來，便致力拓展工程專業服務範疇，尤其是自從公司取得沙田及將軍澳兩個新市鎮的發展項目，與政府簽下的專業服務合約，包括所有政府負責的基礎建設，例如大量開山填海、所有道路、高架橋、隧道、斜坡、岩土工程、道路交通及鐵路研究和設施提供，其中將軍澳新市鎮發展的工程顧問合約，便是我本人代表公司與政府簽署的。

## 第三節 ● 沙田新市鎮締造填海工程一個典範項目

　　沙田海的處理，更是一項基建工程的經典項目。沙田海原是一個面積非常寬闊的三面陸地圍着的內陸海，這一項工程，因為填海面積需要大量的沙土，所以在吐露港外，還要把一個叫「環仔」的小島鏟平以獲取填海用的泥土和沙石；又要從海底抽沙，採用加拿大和荷蘭引進的大型填海船，把海底抽出來的沙噴出。然後再依

照正確的填土方法，包括「沙管」（Sand Drains）和「引水沙層」（Sand Layers），用最快的速度把那大面積的海填滿，令填出來的土地可以在最短時間完成 95% 沉陷，才可以開始建設，這樣可以避免不平均沉降而影響建築物。經過幾十年的發展，如今沙田新市鎮三千七百公頃的面積，其中填海而來的面積就約有八百公頃。

最後，沙田海變成二百米寬的城門河及一大片土地，這片土地上面興建公屋、私人樓宇、工業區和基建設施，再加上許多條跨河橋樑。今天的城門河，有環境優美的河畔設計，讓市民可以沿邊漫步、跑步，踏單車等；每逢節日，城門河兩岸及跨河橋樑，都鋪滿姿采奪目、美輪美奐的燈飾設計，都為設計人員的用心設計，每一個節慶日的燈飾設計都別具一格，令當日這個了無生機的沙田海，變成一片全新的天地，完美地演繹一個「蒼海變桑田」的故事。

馬鞍山是沙田新市填計劃的第二期發展，當時曾經極力鼓勵政府建造一條連接市區的重型鐵路，而不是輕軌鐵路。政府初期並不同意，認為不需要重型鐵路，只需要一條輕鐵車軌便可以。但當時已計劃興建耀安邨和恒安邨公屋，數萬居民將會陸續搬進這個地區，於是政府同意先做一個鐵路系統的需求研究，以確定重型鐵路的需要。可惜在這段期間，政府卻急急賣地，本來已預留四十米闊的鐵路走廊，部分用地卻劃入政府賣地的範圍之內，結果可以預留興建鐵路用的走廊已沒有四十米闊，令設計變得十分困難，也不太理想。

沙田新市填另一個更成功的建設，是其他新市鎮沒有的，就是覆蓋整個沙田連綿五十公里的「單車徑」，橫過道路，都是使用專用隧道。同時，初期整個新市鎮的設計，還包括一組建築物顏色的規定（Colour Code），得以滿足市鎮整體美觀的要求。

沙田從一個只有二萬多人口的地方，急速發展成一個七十萬

負責沙田新市鎮及馬鞍山所有基建工程項目及工地合約管理。圖為用噴沙方式
填平沙田海

回歸後任立法會第一至四屆工程界功能組
別選舉工程

人口的新型市鎮，是香港第一代的新市鎮之一。事實上，即使與第二代的新市填如將軍澳、東涌和天水圍比較，不少人也認為沙田是香港最成功的新市鎮。

## 第四節 ● 將軍澳海濱 Underpass 方便居民享受海邊漫步

另一個新市鎮發展，是在 1982 開始負責的將軍澳新城鎮發展計劃，這是香港政府開發的第七個新市鎮計劃。將軍澳，現時通過將軍澳隧道與九龍連接，只需幾分鐘的車程，感覺距離很近，所以很多人都以為將軍澳為九龍的一個區，其實當時的將軍澳是新界西貢區東南部的一個海灣。因為這個海灣水位的深度，曾經還留有一段佳話，1953 年美國海軍戰艦新澤西號來港停泊補給物品，因為艦隻噸位太大、「食水」（艦隻停泊港口需要的海床深度）太深，無法經鯉魚門進入維多利亞港，只能停泊在將軍澳海灣。此事其後成為新編的一個歇後語：「新澤西——食水深（牟取暴利的意思）」。

當時的將軍澳只有七千名居民左右，大多與台灣人士有關係的。為了將該區發展成一個新市鎮，政府需要大量興建公共房屋和工業區，因此需要大量開山填海，最少要開發七百公頃的面積。設計這個臨海小區的生活環境時，在海濱旁的小區，通往海邊的道路都採用沉下的通道（Underpass），讓居民可以很容易直接走到海邊，不會因為海邊有高架橋受到障礙，這在住宅區生活配套系統的設計上實在是一個很大改進。將軍澳的發展分為三期，第三期還包括一條美麗的跨灣大橋，可以大大改善海灣兩岸連接交通省卻行車時間。

在將軍澳新市鎮的發展初期，還要興建一條七百米長穿山隧道，以縮短從九龍市區進入這個新市鎮的時間；當時也進行將軍澳

世界最大工程顧問公司 AECOM 邀請作專題演講

在收購茂盛顧問工程師事務所的 AECOM 擴充典禮上獲邀作主題演講

地鐵線的交通研究，因為將軍澳如要發展成一個有四十萬人口的新市鎮，地鐵線是必須有的。本來這個市鎮的樓宇分佈規劃還有一個特色，就是設計通風道（Breeze Ways），讓區內的居民可以享受海上吹來的徐徐和風。可惜後來政府要進行「八萬五」計劃，需要大量收地，原來設計用作通風道的位置都興建了樓房，也就阻擋了通風的路徑。

我返回香港後，在茂盛顧問工程師事務所（Maunsell Consultants Asia）做了十九年股東及執行董事，加上在英國深造及工作的十年，這前後共三十年的期間，首先是在英國當地的工程公司，繼而在大學進行博士研究和在工程顧問公司取得工程實務，以及學術研究多方面的經驗，回港後加入初來港成立的國際顧問工程公司，從二十個員工，發展到千多人，各類工程和工程研究都做過了，覺得已經沒有太多的新挑戰。所以，當時我便決定離開茂盛，考慮另一個新的發展方向，以滿足我對服務社會的強烈願望。

這段時間，我全心全意發展公司業務，也令自己有足夠儲備，讓兩個兒子自幼可以在國際校讀書，十五歲便可到英國最有名的 Rugby School 寄宿，該校也是前港督麥理浩爵士讀的學校和宿舍。其後兩個兒子也考進英國的大學，不過學費非常昂貴，雖然他們都在倫敦出世，倫敦大學可以收取大兒子為本地生，學費是每年六百英鎊；但蘇格蘭格拉斯哥大學卻堅持二兒子是外地出生的人，要按外地生學費標準收取每年一萬六千英鎊。當時的匯率是一英鎊兌換十六港元，但為了他們能在英國大學取得醫科資格，我唯有努力賺錢。後來又為了給他們鼓勵，大兒子醫科畢業時，我在倫敦買了一套單位給他。他在倫敦工作幾年後便返港加入政府衛生署工作。二兒子在英國工作短時間後也返回香港，先在中文大學威爾斯醫院工作，之後在中環開業，我則協助他第一次置業，讓他可專心

與特首同獲邀請參加 AECOM 四十周年儀式

等候上台祝酒

工作。至此，兩個孩子也已經各有所成。

記得八十年代在《華僑日報》寫過一些專欄文章，其中一篇題目是〈無求論〉，我在文中寫道，本來可在沙灘開張帆布椅，吹吹海風、吃着西瓜，舒舒服服，但我不會這樣做，寧願找來舢舨小艇，出海再找新的挑戰。

離開工作十九年的茂盛顧問工程師事務所，最捨不得的就是沙田禾輋的寫字樓和一班同事，我在這辦公室工作十三年間，負責沙田及將軍澳這兩個新市鎮項目。公司原初是在沙田銅鑼山的茂盛寫字樓，後來遭政府收回，只在禾輋村給予公司一塊地興建寫字樓，不過建造費要公司承擔。我自己便是負責建築工程的「認可人士」，符合資格為一個私人的建築物項目向屋宇署「入則」。公司花了七百萬元，建成三層的寫字樓，每層一萬呎，另有三十二個泊車位。大部分茂盛員工都在這裏工作，少部分則留在尖沙咀，我就負責管理沙田的寫字樓。當時紅磡海底隧道經常塞車，早上由沙田往紅磡的交通非常堵塞，但經紅磡海底隧道前往沙田方向的「逆紅磡方向」交通流量卻不多，每天早上返回沙田辦公室，十二分鐘便可抵達，非常方便。這一家我以最美好年華打拼近二十年的茂盛顧問工程公司，後來被美國的 AECOM Technology Corporation（AECOM）收購。

## 第五節 ● 青馬大橋四萬多噸鋼材料的嵌造工程

離開茂盛後，我計劃轉換跑道的事未能即時如願，當時一間上市的工程公司太元船廠立即找上門來，聘我為董事總經理。在太元船廠這段期間我負責兩項有關赤鱲角機場新機場核心工程的項目，其一是青馬大橋主跨 1,377 米、四萬多噸鋼材料的嵌造工程合

約，其二是西九龍文化藝術區四十公頃面積的填海工程。

　　青馬大橋是全世界最長的公路兼鐵路吊橋，所用的鋼材，在東莞沙田鎮裝嵌成一千噸一件，然後用船運到青馬大橋位置下面，然後吊上來到橋面水平。裝件是從大橋兩端開始，逐件拼裝，分兩頭向橋中央推進，直至兩邊裝件在大橋中央合攏。下一步就是用一套塗油機沿大橋兩邊不斷進行，直至完成。這一橋樑項目設計要求的使用期是一百二十年。

　　興建大橋時，我曾經與路政署副署長劉正光一同從大纜下面的 Catwalk 工作網，從橋中央走到纜的末端，纜的末端就是二百米高的橋塔頂部，然後再返回橋中央，之後再向另一端的大橋塔頂部走上去，最困難的就是走近橋塔非常陡峭部分的時候，真需要步步留神，不容分心。在工作網上，可以看到二百米下面的海面。如果有畏高症，相信就走不動了。

　　我用了八個月時間完成這兩項工程，公司主席希望我同時兼任主席，但遭我拒絕，並且辭職離開公司，籌備參選立法會。

　　我 1973 年回港，剛好趕上新市鎮及產業用地大開拓時期，1970 年代後期至 1980 年代，香港島及九龍半島進行了不少填海工程，第二次世界大戰後至 1980 年，香港的填海面積約有四千公頃，我曾參與的工程所佔的份量也不輕，作一個簡單的總結，就以兩個新市鎮以及西九文化藝術區的填海工程，面積便超過一千五百公頃。

　　現在香港人口一半在新界新市鎮，八九十年代的新市鎮工程，給人口分佈提供了大變動的機會，交通重新規劃，區域用途再劃分。當時的規劃概念是公共房屋與私人樓宇的比例是 60/40，即 60% 是公屋、40% 為私人樓宇；近年為了縮短公屋的「上樓」輪候時間，公私比例已改為 70/30 比例。

在高新科技產業化研討會發言

大舜「一帶一路」活動

在設計中，新市填的居民上班和上課都應該可以在同區得到滿足，但自從八十年代中英談判開始，大部分工業已遷往珠江三角洲，本地就業機會大幅減少；家長給子女選擇學校不惜跨區上學，寧願以「名校」優先的標準來選擇，同區就業、上學的計劃概念得不到預期效果，交通規劃也有不少影響，例如每日由沙田出市區的交通比較預期高出許多，政府急切需要加強兩地交通連接，例如增加一條獅子山隧道，以及擴闊連接沙田及九龍的公路。

今日沙田市填的發展，也與當時政府對沙田採取的造地政策有關。當時政策是，土地填好後，只要填土範圍有足夠的 95% 沉降，政府就開始逐步賣地，因為基礎建設不斷增加，拍賣土地的價錢也可以不斷提高，庫房收入也可水漲船高。事實上，當時香港政府推動基建工程，除了要考慮香港的庫房收入，看來也要照顧英國老家的道路設施生意。興建公路時，當時還要在路旁加建緊急電話亭、街燈等，這些道路設施本來應該由承建商設定型號、數量之後，由政府公開招標的，但當時我遇過的幾個項目，看來都沒有經過招標程序便預早通知英國的供應商，直接給香港的承建商供貨。

在 1,377 米青馬大橋主跨 Catwalk 上兩端
的 200 米高橋塔頂

向業界介紹青馬大橋主跨工程

第四章

# 獻身社會服務分享
# 香港成就

與戰後香港共同成長的那一代香港人，或許因為各自資源、選擇的不同，各自走上不同的道路，然而身邊都是從香港經濟起飛時便一起打拼的香港人。不少有相當成就的人，都樂意與身邊社群分享，此外，眾多社會組織乘時而起，全心全意希望與市民共享社會發展成果。那是一個充滿希望的年代，是一個不同社群融洽共存共發展的社會。

香港有很多社會服務機構，有本土組織，也有不少國際性組織。香港人在工作上獲得的滿足，如在時間或資源上有寬裕時，都會義務投身這些機構與社會大眾分享香港的發展成就，參加的人都有各自的資源，如有需要就去籌集資源去支持這些組織。後來，各種社會組織、專業協會也紛紛成立，聚合不同的利益持份者、有志於協助社福的專業人士的參與，為各種社會事務、專業發展出謀獻策、共展所長，不管士、農、工、商。因此，香港社會到處生機勃勃。

## 第一節 ● 扶輪社「醫療船」贈政府服務離島

　　我自幼已有志願幫助有需要的人，這始於在培正小學協助兩位貧困同學。在聖士提反中學時，每星期有三晚到赤柱漁民子弟學校義教，前後達三年之久。一直以來，我都有強烈的意願服務他人。

　　香港大學畢業後我負笈英國學習和就業十年，1973年底三十四歲回流香港後，覺得十年人事幾番新，香港改變了很多。投身社會服務之前，我先作深度認識，於是在工作以外，盡量參與各種公眾服務機構，包括扶輪社、紅十字會、聖約翰救傷隊及童軍之友社。

　　1975年春節時，我加入九龍西區扶輪社，這是香港五個最「老」的扶輪社之一，已經超過六十年的社齡。扶輪社（Rotary Club）是地區性社會團體，屬於一個國際組織，每個地區的扶輪社都是獨立運作的社團。扶輪社以增進職業交流、提供社會服務及國際服務為宗旨，社友之間注重增進彼此的友誼，提倡誠信及服務精神。在社內，每個行業只可以有一位社友參加，當時九龍西區扶輪社的社長是黃保欣。

　　扶輪社每週固定舉行一次例行會議，通常會配合用餐時間舉

行，故大多數在上班日中午舉行，也有一些在晚上安排晚餐時舉行例會，每次例會經常邀請不同的人士針對各項主題做演講，有來自不同專業的，也有政府高官。給這些來自不同專業的會員提供機會，加深他們對不同問題的認識，同時，聚會也是不同專業的會員之間一個很重要的交流平台。事實上，參加扶輪社的社友多以中年和富裕的工商專業人士為主，這往往是因為年紀較長且經濟狀況較佳的人才有較多的時間及心力參與扶輪社的活動。

扶輪社運作的資源是靠社友的捐獻，每個社每年都要安排一個社會服務項目及一個國際服務項目。每個社通常都會與其他國家或地區的友社結盟，亦會組織一個與一間大學及一間中學的附屬組織，目的是要提拔後輩。

1982 年，鄔維庸醫生為社長，他負責社會服務，曾安排一個極有意義的項目，給政府贈送一艘醫療船，名叫「扶輪號醫療船」，讓政府醫生或牙醫可帶同護士到離島提供免費服務。當時香港離島有四大島：大嶼山、長洲、坪洲及南丫島，居民人數合共四萬五千人，但離島醫院只有長洲及大嶼山兩間，其他人口較少而船隻可到達的地方，便由醫療船應付居民的醫療需求。

這個善舉首先要籌集七十五萬元購買一艘船，我負責籌款，並預先邀請幾位有財力的社友：嘉頓餅乾的張子芳及捷和集團的鄭翼之、鄭榮之兄弟，他們首先認捐兩筆較大的款項，然後我在午餐例會上再請各社友舉手認捐，結果經過十二分鐘就已籌集到所需款項。捐獻醫療船的儀式上，時任醫務衛生總監唐嘉良的夫人主持下水儀式，港督麥理浩爵士見證，而接收醫療船鑰匙的，是時任醫務衛生署署長李紹雄醫生。

1985 年開始，我出任九龍西區扶輪社社長，其後在出任立法會議員（由 1996 年出任臨時立法會議員開始）之後，因為立法會

籌款捐贈「扶輪號」醫療船予政府，由港督麥理浩主禮

獲港督彭定康頒授 MBE 及聖約翰五級員佐勳銜

每週大會也在星期三，與扶輪社每週三的例會時間有衝突，所以我轉為榮譽社友，不用每月繳交社費，也不用出席扶輪社每週例會，但每年要由理事會通過邀請。

我參與扶輪社的工作，幾近半個世紀，前後共四十八年。對扶輪社最大的貢獻，除了籌款捐贈「扶輪號醫療船」外，莫如爭取購買禮頓道的扶輪資料中心（Rotary Information Centre，簡稱R.I.C.）。1985 年當上社長那年，我們計劃用扶輪社儲蓄多年的 80 萬元儲備，再向銀行貸款少許，因當時房價還很低，這筆款項足夠買一層樓。可是，當年的區總監是澳門的 Nuno Jorge，他準備把儲備用作 "Director Fund"，為他爭取入國際扶輪社當董事，那是非常自私的做法。那時澳門有兩個社，香港有二十位社長。香港的二十位社長，有英國人和印度人，我們都很團結。每個月坐下來開會謀求對策，後來決定在四月份的分區會（District Conference）上，各位社長一起參與辯論，爭取保留那筆款項作購買 R.I.C. 之用。豈料在四月開分區會議時，所有香港社長都像「鵪鶉」一樣，不敢作聲，我極不服氣，唯有獨個兒與 Nuno 爭辯。結果，竟然成功爭取將那筆款項留作購買 R.I.C. 之用，現在的扶輪社友，恐怕很少人知道這一段重要歷史。


## 第二節 ● 獲頒聖約翰救傷隊「五級員佐勛銜」

加入聖約翰救傷隊是很偶然的。

香港聖約翰救傷隊（St. John Ambulance Brigade）成立於 1916年，本着不分種族、階級、信仰的宗旨，為公眾人士提供急救及緊急救護車服務，亦為老人或有特殊需要人士提供免費牙科服務，也經常為一些大型或個別機構——如學校舉辦的運動會——提供現

1985 至 1986 間當選九龍西區扶輪社社長

在扶輪社例會介紹四川汶川特大地震，帶領工程界社促會籌款千多萬元參與災後重建項目

場救護及急救服務如學校舉辦的運動會。

　　我加入聖約翰救傷隊，得從參與扶輪社的工作說起。按照正常任期，我本來要到 1985 年 7 月 1 日才正式上任扶輪社社長，但上一任社長梁兆佳還未到任期結束，就不幸因心臟病發突然去世，我只好提前兩個月接任九龍西區扶輪社社長。當時，扶輪社因為捐助一筆款項給聖約翰救傷隊而取得第二聯隊的副會長位置，自然而然地由我當上副會長。

　　服務聖約翰救傷隊期間，我安排了不少活動，也捐了些錢，後來升為九龍區當副會長。之後在 2002 年被委任為理事會理事，負責整個香港聖約翰救傷隊的行政。我在這個機構前後服務了二十年，後來因為工作與公職實在太忙，於是辭去聖約翰的職位。

　　1986 年，為配合大亞灣核電廠而需要盡快推廣和普及核電知識，我要在短短四個星期內成功籌辦核技術展覽會，因為預計有十八萬人在兩個半星期內前來星光行參觀，為安全起見，也請來聖約翰救傷隊到現場提供緊急醫療服務。在香港，賽馬也是一項最多人參與的公眾活動，雖然自己沒有到馬場觀賽的習慣，但身為聖約翰救傷隊成員，也需要偶爾到馬場當值，當值時也可以走到起跑點觀察，甚或坐上救護車跟着馬匹跑，然而，身穿聖約翰制服是不能「下注」的。

　　1993 年 11 月 29 日，我獲英女皇頒發聖約翰救傷隊五級員佐勳銜（The Insignia of a Serving Brothers of the Most Venerable Order of St. John of Jerusalem，簡稱 S. B. St J.）。巧合地，我在同一頒授勳銜儀式上又獲港督頒授「員佐勳章（MBE）」，後來獲邀參加英女皇在白金漢宮的園遊會。

## 第三節 ● 加入紅十字會照顧弱能人士

　　一般香港人對香港紅十會（Hong Kong Red Cross）的認識，較多因為其推動的志願捐血（無償獻血）活動。在香港街頭，經常會見到有紅十字會標誌的輸血服務中心流動捐血車。這個成立於 1950 年的慈善團體，本着人道理念與志願服務精神為宗旨，竭力保護生命、關懷傷困、維護尊嚴，會員參與很多不同範疇的社會服務，也包括有青少年的特殊學校及宿舍。香港紅十會在 1954 年率先創立位於荔枝角醫院的香港首間「醫院學校」（Hospital Schools），這項服務也創下國際紅十字會辦學的先例。

　　對於殘疾青少年，我總希望為他們多做點事，所以被邀請加入紅十字會的弱能人士管理委員會時，便很樂意地接受了。這委員會負責監管五間弱能人士的寄宿學校，規模最大那間位於大口環。還有十一間醫院學校，附設於香港醫管局轄下的醫院內，在醫院騰出一些空間，大部分來自各醫院兒科病房，亦設有精神科班，讓有長期病患的青少年在養病期間仍可繼續讀書。這些有殘疾的青少年都有不同的身體缺陷。印象頗為深刻的，記得曾經有一位女孩子，出生時已沒有雙手，只能運用雙腳活動，包括進食、寫字等，十分困難，但她很堅強，非常樂觀，而且很懂事。這些學生很多都明白自己是弱勢社群，故他們很努力讀書，將勤補拙，所以不少學生在中學會考的成績都不錯的。

　　最可惜的是，他們畢業後找工作卻無比困難，許多僱主都不願意聘用。我和委員會不斷呼籲政府要多聘用殘疾人士，甚至立例規定有規模的僱主必須聘用一定數量的殘疾人士，旨在確保殘疾人士獲得公平機會融入社群。為了支持他們，我在公司也聘用兩位傷殘人士，他們雖然撐着兩支枴杖，經過很遠路程的上班，但他們很

攝於廣東大亞灣核電站，時任大亞灣核電站嶺澳核電站核安全諮詢委員會主席

2009 年冒寒從北京南站乘高鐵往天津

努力，工作態度甚佳。我在委員會服務五年多，由於這類人士數目慢慢減少之後便離開了，希望可以投放多些時間在其他公職上，繼續服務社會。

## 第四節 ● 出任「童軍知友社」副社長

青少年工作也可算是我參與社會服務的重點之一，我曾於1998 至 2001 年間出任「童軍知友社」副社長，當時的社長是曾任香港民政司的黎敦義。童軍的組織，服務社會，尤其是青年，是組織通過悠長的歷史建立起來的方式和紀律，故深得青年人認同，他們提供的服務是非常有效和有意義的。

此外，中國台灣的馬英九當台北市長後市政成績頗有成就，當他在 2001 年 2 月來港尋根時，特首董建華的特別顧問葉國華安排了一頓四人午飯，他請了我及地政規劃局局長蕭炯柱一共四人在馬會一個房間，整頓飯只談市政，並互相交換意見，另討論交通、垃圾管理、噪音處理等問題，從中感到馬市長也有他清晰一套方法，成績也得到許多人認同。

## 第五節 ● 在英國成立「香港海外專業人士協會」

不知是否命運安排還是興趣關係，我總離不開當領袖的角色。自小學五年級開始，我憑藉培正的傳統，在老師的安排下，帶頭成立同級四百位同學的「銳社」永久社，那等於是一個有四百個會員的組織，十一歲小學五年級時已被老師指派擔任「銳社」創社社長，為同學安排許多活動；在聖士提反學校寄宿時，也當上學長"Prefect"。之後在香港大學就讀土木工程時，被同學選為工程學會

台北市市長馬英九來港尋根時一同午餐

與馬英九市長討論市政問題

副主席，負責學會的活動。

從小學開始，我一直十分活躍組織活動，也多次擔任組織負責人。到了英國，在倫敦城市大學完成博士論文。拿到學位後，便與一位在香港大學讀電機工程的譚煥章同學成立「香港海外專業人士協會」（Hong Kong Overseas Professionals Association，簡稱HOPA），協會於 1971 年成立，會員均來自香港，在英國求學、做研究工作或就業的人士。因為當時在英國生活的香港人不算很多，所以全盛期有差不多有二百位會員已算不少。雖然人數不多，但活動還是不少，包括聯誼、講座、論壇等。他們從香港來到英國，朋友不多，生活比較枯燥，有機會認識其他香港的朋友，也是很開心的經歷。

1973 年底我離開英國返回香港，共同成立「香港海外專業人士協會」的聯席主席譚煥章也已經移民去了加拿大，協會的主席便改由父親以前一位姓蔣的家庭醫生的兒子出任，當時他在倫敦城市大學當化學教授。後來另一位會員陳福祥接任主席，湊巧地，陳福祥後來也當了香港工程師學會會長。「香港海外專業人士協會」另一位會員吳斌律師，回港後亦曾擔任特區政府第二任私隱專員的重要公職。轉眼間，這個組織的歷史已有五十二年。

## 第六節 ● 創辦「香港科技協進會」應對工業轉型

1985 年，我回港後在工程業界打拼之餘，又找了中學及香港大學同宿舍的同學潘宗光教授成立「香港科技協進會」。

我對香港政府的工業政策，長期都有關注，參與政府有關的諮詢工作前後達三十多年。1982 年中英談判開始，已可預見香港必將會在 1997 年 7 月 1 日回歸中國，不少香港的工業都將會率先

回歸，提早遷到珠江三角洲發展，因為可以享受到較低工資和較低地價的好處。

1985 年 3 月我找到潘宗光教授，他是聖保羅男女中學時的同學，也是香港大學同一宿舍的宿友，我再聯同許多位大學教授和工業界知名人士成立「香港科技協進會」，當時的想法是希望聯同專業、工業及專上教育三類人士共同協助推動香港的工業發展，以應對香港工業陸續遷至珠江三角地區的轉變。因為這三類人士都是香港工業發展的持份者，大家應該努力促成香港的再工業化，尤其在自動化、生物科技、物料科技等方面。

「科技協進會」成立初期，香港政府很重視，港督聯同三位司憲——布政司、工務司及教育統籌司——在總督府接見我們，由上午十一時至差不多中午一點。可見政府當時對這個新組織的重視，雖然我是發起人之一，但在第一屆卻不願出任會長一職，因為同期的公務及義務工作較多，兼顧不來。1985 年「協進會」創會當年，我正出任西九龍西區扶輪社社長，1987 年又提早大約六年當上「香港工程師學會」會長，所以後來在 1989 年「科技協進會」第五屆任期時，我才能抽空擔任「香港科技協進會」會長。

「香港科技協進會」成立初期，我與潘宗光一起先向四位有實力的富商籌款購買永久會址，當時得到何添、何鴻燊、李嘉誠及鄭裕彤四位善長鼎力支持，每位拿出五十萬元，用二百萬元從鄭裕彤的公司買下灣仔道 24 號二樓，讓協會擁有永遠會址，故對協會來說這是重大的貢獻。

協會運作上與全國科技協會「全國科協」有很多合作，為了清晰表明香港的組織並不隸屬全國科協，我建議在會名上加一個「進」字，成為「香港科技協進會」，與「全國科技協會」的從屬關係有所區別，至於會務發展則維持緊密的合作，幾年間已與全國

與「一帶一路狀元」主持，前小太空人麥明詩合照

當無線電視台「一帶一路狀元」顧問及評判

科協建立非常密切的關係，曾經邀請周培源主席來港出席晚宴。我與其他的主席周光召、朱光亞及副主席鄧楠等都很熟稔，來往很多，所以安排了很多機會讓香港科技界人士到訪北京及各省交流和考察。

為了支持香港兒童自少培養對科技的興趣，我於 1999 年時便參加剛創辦的「萬通小太空人訓練計劃」，這個計劃透過全面及別具創意的培訓方式，引發小朋友對太空及高科技的興趣，培養積極自信和勇於接受挑戰的個性，讓他們發揮 "It is Possible!" 的精神，計劃更為家長與子女提供一個難得的並肩學習的機會，增進親子感情。從第一屆開始，我便應邀擔任三位的贊助人及評判之一，從二千多位七至十一歲的小朋友中，經過兩輪各類運動、寫文章及創作的比賽後，選出二十位參加最後面試。我是唯一到現在為止做足二十一屆的評判，另一位評判車淑梅則少參加三屆。後來，因為新冠疫情關係一度停辦，到了 2023 年才恢復。

小太空人訓練計劃的口號是「It is possible！一定做得到！」面試時小朋友可由一位家長陪同。面試問題是即興的，可以是天文地理或任何問題，包括是英文、普通話或廣東話。我總覺得這是一件非常樂意參與的工作，看到年紀小小而天才橫溢的小朋友是非常開心的一件事。許多早期的「小太空人」現在都大學畢業了，有一位叫麥明詩，曾當選香港小姐。在 2019 年她主持無線電視一連十集的「一帶一路一狀元」電視比賽節目，曾邀請我為顧問兼評判，因而再次遇上這位小太空人。

1989 年，當「香港科技協進會」會長時，我曾帶一個科技團訪問福建，到過廈門、鼓浪嶼、泉州及福州，每到一個城市都去參觀當地的大學，尤其是討論科技發展，交換意見。我們也拜訪當時的福建省省委書記陳光毅，我建議發展鼓浪嶼成為一個現代化旅遊

區。當時有船連接廈門及鼓浪嶼的，船費只是人民幣 5 毛錢。島上沒有汽車，也沒有自行車，是一個真正的環保地區。小山上的房屋都是德國式設計，很有潛質向國際旅遊方面發展，如果將來廈門與鼓浪嶼之間建成海底隧道或橋樑連接的話，那對廈門的發展將有莫大幫助。

## 第七節 ● 成立「中華建設基金」支援內地扶貧建設

2008 年我與劉紹鈞成立「中華建設基金」，籌集款項為內地有需要人士進行一些建設項目。當時最重要是 2008 年 5 月 12 日，四川汶川特大地震後的災後重建，在北川通口鎮的災後重建項目，「中華建設基金」與「工程界社促會」有很多合作，詳細情況於後文再述。

至於支援國內的建設，「中華建設基金」在 2009 年 4 月替聚居半山的羌族人緊急鋪設一些簡單的輸水系統，讓居民可以飲用山上乾淨的溪澗水，這既滿足居民飲用水的需要，也免去飼養家禽的缺水難題，解決他們迫切的需求。移交這套系統當天，我參與羌族的婦孺及兒童的社區活動，抱抱孩子，渡過了很愉快的時光。

## 第八節 ● 「太平紳士」白石難民營的一天非常不太平

參與社會服務，當然要投入精神和時間，有時也需要付出金錢及體力，但很少人會想到，竟然還會有面對生命危險的時候。

英聯邦有「太平紳士」Justice of the Peace（JP）的制度，回歸前香港是英聯邦成員之一，也有設立「太平紳士」制度（回歸後這個制度仍然有保留下來），分為官守太平紳士、非官守太平紳士。

工程界社促會聯同年輕工程師作電車籌款，興建袁家小學

2009 年 9 月 1 日與政務司司長唐英年主持旌陽袁家小學開學典禮

非官守太平紳士一般要經由政務司司長（主權移交前則為布政司）為主席的非官守太平紳士遴選委員會遴選，推薦名單，再由行政長官（政權移交前則為港督）委任，對於被推薦的人士則沒有特別要求，獲委任者大多是有多年社會服務經驗、熱心公益事務的人士，又或是對香港社會有貢獻者，故委任制度極之嚴謹，每年的競爭都非常激烈。事實上，政府必須嚴謹遴選，因為這是一個終身委任制度，除非犯了罪被褫奪資格，或者是不經常在香港居住或去世，才會失去非官守太平紳士的資格。目前約有一千五百位非官守太平紳士及三百位官守太平紳士。官守太平紳士是那些在政府任職，晉升至某個職級的高官，通常是與市民接觸較多的署長或更高級的官員，才有機會獲得太平紳士稱號，但離開工作崗位就不再是官守太平紳士；這種安排的目的是讓官員出席公眾活動時，可被尊稱為「某某太平紳士」，讓市民給予尊重。

根據「陪審團條例」，太平紳士是獲豁免出任陪審員的。而太平紳士其中一項責任，就是一年最少四次巡視監獄、懲教所、醫院等政府設施，每次一位非官守的太平紳士出巡都由一位官守太平紳士陪同。1987 年我獲委任為太平紳士後，曾經巡視許多這類政府設施；如果設施位於大嶼山，我一般都會乘搭政府提供的直升機前往，只有一次乘坐水警輪，但因為從水路到大嶼山所需的時間太長，故後來我都會要求使用直升機以節省時間。又有一次，直升機差不多接近長洲時，眼見前面有非常濃厚的霧，眼前白濛濛一片，根本看不到前面的山，我急忙與機師通話，要求立刻折返啟德機場，改天再去，因為實在太危險，畢竟大嶼山都是相當高的山。沒想到，我這個太平紳士還要面對危險上百倍甚至是危及生命的經歷。

1996 年，越南難民在沙田白石羈留中心計劃搬營行動，政府

需要兩位自願報名的太平紳士協助。我覺得很有挑戰性便報了名，這個難民中心曾經發生過好幾次動亂事件，沒想到營內問題激化，終於到發生最嚴重動亂的這一天。當日與另一位非官守太平紳士 Patrick Yu 由早上九時直到午夜一時這段時間，可說是經歷了這一生最危險、最接近死亡邊緣的一天！

1975 年越南戰爭結束後，出走國外的越南船民當中有不少來到香港。港府在 1988 年開始在馬鞍山白石專設大型羈留中心，隨着人數不斷增加，白石營再加建臨時營舍，人數最高升至逾兩萬人。人數太多令營內越南人不斷發生衝突，1989 年 9 月，營內有船民手持自製武器毆打其他敵對的同鄉並演變成暴動，其後又有多次頗為嚴重的動亂。1990 年 2 月兩度發生集體械鬥，1991 年 2 月，南、北越人在營內互相砍人，懲教署的應變部隊發射四十多枚催淚彈驅散。1994 年 4 月，越南船民反對被強制遣返越南，發起絕食行動，後來演變成暴動，有人反鎖在營內並放火，最後懲教署聯同警方動員逾千人在營內大舉掃蕩，平息動亂。

1996 年 5 月 10 日，當我與 Partrik Yu 到達時，只見所有難民都走到營屋外面，男的攀到屋頂，每間營屋頂都插有三枝旗；美國旗、越南流亡政府旗及 "SOS" 旗。他們把營內的電線管拆下來切成兩米長一段，末端削尖變成一支矛槍，又取出營內廚房、地台的馬賽克磁磚及混凝土塊用來投擲。女性難民就在地面用籃子把石塊裝好，遞上屋頂給男的難民投擲。

他們又把營內帶電的電線拉下來，捆綁在雙層鋼床的床架上，當懲教署人員或「藍帽子」（警察機動部隊）警察進入營內，只要手部觸及鋼床便立刻觸電；又有難民從營內將尿或熱水用盆向他們身上潑。更有懲教所人員見到一位難民用拐杖一步一柺地走出來，於是上前給他攙扶，沒想到那位難民突然從身上拿出尖銳的利

器直刺向他的腰部，令他身受重傷。有難民把渠蓋打碎，然後削尖變成利器，十分兇狠。所以當天有許多懲教署人員及「藍帽子」都受了傷。

當天共出動超過二千名「藍帽子」，發射了二千多枚催淚彈，整個難民營都煙霧彌漫。我們這兩位太平紳士白天都要戴着「豬嘴」（防毒面具）在外面巡視。我曾在懲教署署長陪同下一同走進鐵絲網內，看到八百多名難民婦女及兒童把戴手上識別用的膠帶剪斷棄掉，不讓人知道他們的身份。我與另一位太平紳士及署長正準備要離開鐵網圍成的臨時營上車離開那一刻，突然有難民把很多東西包括小石塊扔過來，非常危險。更危險的一次，我們三人曾在一個較高位置遠眺，竟然有一枝長矛槍飛過來，插在我們兩位太平紳士站立的位置中間，眼見槍尾還在不停顫動的一刻，只覺身處生死邊緣。沒想到那些男難民可以擲得那麼遠，要是擲高一點和稍微多偏一些的話，我們其中一人便可能被插中受傷，甚至死亡。

因為情況非常嚴重，我與另一太平紳士要工作至半夜一時多才完成緊急報告給當時的布政司陳方安生。由於這天工作非常艱險困難，所以我們都獲豁免巡視監獄等設施一年。

## 第九節 ● 「南北軸」成為工業科技發展關鍵決定

為了推動工業發展，政府在 1980 年代末，聘用外國工業發展顧問公司 Sequel，他們共完成兩個報告，其實他們對香港情況並不熟悉，多次找我討論，取得有關資料和建議，以及聽取最近香港工業發展的情況。政府在 1992 年成立的工業科技發展局，主席是時任財政司 Hamish Macleod 麥高樂，我為委員會成員之一，局內有六位高官，當時稱為司憲。當時最重要的討論就是有關香港中文大

學、香港城市大學、香港科技大學、科學園、應用科技研究院及科技中心彼此的角色，「南北軸」還是「三角型發展模式」。經過多次討論，最後採納「南北軸」的發展模式，就是香港中文大學在北面，南面設立科學技術園、應科院及科技大學，另在九龍塘成立規模較小的科技中心，專注中小型企業的發展，以及孵化工作。如果是採用三角型發展的話，便包括香港城市大學。後來，政府很快便調撥資源興建這些設施，所以當時政府在幾個重要機構都做了很關鍵性的決定。

此外，我在 1989 年獲港督委任加入科技委員會，到 1992 成為委員會主席，專責推動自動化，得到政府撥款後，委聘香港生產力促進中心（後來升格為生產力促進局）協助完成一個較大型的研究報告，把厚厚的一份報告交給港督。後來交棒給「光纖之父」高錕教授，當時高錕教授是香港中文大學校長，那時他還未獲頒諾貝爾獎。

1992 至 1994 年政府成立「實用研究發展基金」（Applied Research & Development Fund）配合科技發展，這基金監管四億元的研究資源，我又獲委任為這個基金的委員，接受各大學呈上科研項目申請基金款項。其實審批科研項目並不容易，必須清楚了解研究項目的價值和可行性，當時我發覺各大學交來的項目大多相似，真正有創新潛質或可發展新領域的實在不多。2003 年時，我又獲邀擔任詹天佑土木工程科學技術發展基金第三屆管委會委員。

有一個項目我很樂意參與的就是「香港聖誕燈飾大賽」，在 1991 年至 1994 年這三年時間，每年聖誕節有企業贊助名為「維港兩岸燈飾比賽」。港九兩岸晚上的夜景非常美麗，聖誕時很多建築物都掛上閃亮的燈飾，十分美麗。我與其他知名人士如何弢博士、靳埭強等擔任評判及頒獎嘉賓。

第五章

# 專業人士服務公職的
# 客觀遠謀

兼任公職，有人會視為襟前多掛一個勳章、頭上多戴一頂冠冕，只是給社會上的成功人士再多一個勳銜而已。不少人會質疑政府是否只想借助這些所謂「代表民意」的社會領袖的參與，為政府早已謀定而動的政策添花背書。

出現這些輔助政府制定政策、施政執行的各種半官方的法定或公營機構，原意當然是要吸納社會精英出謀獻策、施展抱負的；然而，參與者能否借助身居決策位置，主動發揮、做出積極的貢獻，就要靠個人的識見和能力，最重要的還是其本人服務人民的「初心」。

我曾經參與的多項公職，主要是在教育、基建工程及工業發展幾個方面，雖然參與的這些公職都並非專職身份，但每次均是「瞓身」投入，每一次在公職崗位上的投入，幾乎都是個全職公務員的精力。不過，我可不是一個「聽話」的「公職」人員，甚至曾因堅持己見而被政府官員批評說政府「找錯了人」。

在公職上，對於別人批評，我會以平常心聆聽對待，並且分析當中是否合理。合理的批評就得接受和改進，但如果自己做得對，就更有自信處之泰然。做公職服務，須以大局為重，細節從輕，更不可存有私心。

要真心以社會長遠整體利益為出發點，要維持這一份堅持，又要面對各個不同持份團體的利益訴求，有時是一個很大的矛盾。我服務社會的決心，因為自己一無所求，不注重名利或虛銜，才能解決這個矛盾。另一方面，這樣就會令一些官員不高興。這個選擇極之困難，在許多人看來，會有表面的損失。

## 第一節 ● 主持「學術評審局」拉開專上教育普及化的序幕

1963 年香港中文大學創立前，香港只有一間香港大學，直到 1980 年代，兩間大學加起來，每年也僅有約 2.2% 適齡高中畢業生能夠升讀，長時間以來香港的高等教育奉行「精英制」。上世紀最後二三十年，全球社會隨着經濟日漸好轉，社會上普遍要求大量增加大學學位，以滿足年輕人向上流動的需要，許多專上學院都紛紛升格為大學，尤其是英國、澳洲等國家比比皆是。八十年代開始，香港大量工廠向珠三角地帶轉移，香港工業結構經歷急速轉型的階段，相應的人才需求也轉向知識型的發展。在世界潮流、社會經濟發展模式轉變的大環境下，專上教育已成為基礎教育的一環。

1992 年到任的港督衛奕信爵士，本身是一位學者，銳意發展專上教育。他上任不久，有一天找我到港督府討論成立「香港學術評審局」一事，問我有否興趣和時間。早於 1985 年，香港城市理工學院（後升格為香港城市大學）成立時我已是校董會成員，參與香港專上教育的工作。「香港學術評審局」將會為香港專上教育的發展擔當重要的角色，我當然希望藉着擔任此公職的機會，繼續參與香港專上教育的發展。

衛奕信爵士說，學術評審必須得到國際認可，所以在最初數年需要找一位在學術評審圈子有國際威信的英國學者當主席，這位主席只來香港主持評審局一年兩次的主要會議，實際事務及日常運作全由一位執行副主席兼執行委員會主席負責，他準備委任我擔當的就是這個角色。在創辦評審局最初階段，我必須先到各先進國家邀請在學術評審方面有豐富經驗和國際地位的知名教授學者。因此，他們並不是普通學者。政府安排頭等機位讓我到加拿大、美國、英國、澳洲、德國、法國等拜訪一些有可能被邀請為委員的學者，他們都十分忙碌，不容易騰出時間來參與，但我又需要在衛奕信爵士規定的時間內完成籌備工作，那實在不是容易的工作。

當時香港一直依靠英國國家學術資格授與委員會（CNAA）提供服務，成立「香港學術評審局」最初的願景，是準備讓當時的三所學院，即香港浸會學院、香港嶺南學院，以及香港公開進修學院，能夠利用香港學術評審局提供的服務和支援升格至大學的水平。至於其他高等院校，不論有否獲得公帑資助，在獲得港督同意的情況下也可使用服務。

1987 年 10 月成立「臨時香港學術評審委員會」，三年後的 1990 年成立「香港學術評審局」（HKCAA）。住在英國的 Dr. David Bethal 就是這個委員會的主席，每半年一次的評審局委員會他才來港主持會議。從 1987 年開始，我就擔當第一任執行委員會主席，其實就是負責所有評審局的運作，也聘請了 Allen Sensicle 任職總幹事，協助籌備和正常運作的工作。

前後五年的工作相當繁重，每間學院的「學院評審」（Institutional Review）都需要最少整整十天時間，審核的事情非常多，例如學院管理層、教職員及他們的著作、各學科學生水平、各學科課程、學院設施，包括課室、實驗室、電腦設備、圖書館、操

與港督衞奕信爵士討論香港學術評審局籌備情況

於香港城市大學頒授學位

場、體育設備等等各方各面。這五年間，我親自主持香港浸會學院、香港嶺南學院及香港公開進修學院的整體學術評審工作，希望通過學術評審的過程，令它們升格為香港浸會大學、香港嶺南大學及香港公開大學。在第一輪的評審過程中，香港公開進修學院的三個學院裏，我認為只有其中一個達到要求的水平，所以第一次呈上的申請並沒有通過，到了第二次申請時才同意，其後學院升格為香港公開大學，後來再改名為「香港都會大學」。

當時港督邀請我由原來的評審局副主席改為主席，以取代在英國的主席，但我拒絕了，因為當時正出任香港城市大學首任校董會主席，還有許多其他的公職，加上公司工作太忙，實在無法兼顧。

幾間學院相繼經過嚴格評審升格為大學後，評審局的工作也大致完成。後來在 2007 年，「香港學術評審局」也正式改名為「香港學術及職業資歷評審局」，評審對象為職業訓練局、一些專業學會的課程、公共事業的培訓學院等單位。即是說，「香港學術評審局」歷史任務至此已經順利完成。

專上學院的學術評審工作，對於香港的專上教育發展極為重要。政府政策是要大量增加大學學位以滿足中學生的升學需要。所以政府銳意成立香港自己的評審機構，聘請國際最知名的評審工作教授學者，建立一套堅實而公平、公正的評審制度是最重要的基石，我很榮幸有機會獲政府委任負責這建立學術評審基礎的工作，對專上教育發展作出非常重要的貢獻。

香港城市大學頒授學位儀式

1994 年香港城市大學創校，身為校董會主席主持學位頒授典禮

## 第二節 ● 「香港城市理工學院」升格爲大學的
## 創校校董會主席

「香港城市理工學院」就是「香港城市大學」的前身，學院
1984 年成立後，政府在九龍旺角收購了旺角中心做臨時校舍，有
文理科，亦有工程系。1985 年 1 月 1 日，我獲邀請加入校董會，
1991 年爲校董會副主席，繼而在 1992 年成爲主席。1993 年香港城
市大學正式成立時，我順理成章成爲香港城市大學創校校董會主
席。擔任校董會主席期間，我主持大學畢業典禮，共頒發了超過一
萬名學士至博士學位。以校董會主席身份在大學畢業典禮主持頒發
學位，每一位畢業生都會上台向我鞠躬，我親身見證一批又一批的
學子學有所成，着實得到無比的滿足感。

「香港城市理工學院」未升格爲大學之前，院長 Dr. David
Johns 於 1989 年退休時需要招聘新院長，也就是將會出任學院升
格之後的大學校長。經過既定的程序後，最後剩下兩位候選人，
其他三位遴選委員會委員都認爲應該邀請英國倫敦帝國理工學院
（Imperial College London）的 Professor Husband 出任校長，他是一
位人工智能（Robotic Engineering）專家，只有我一人堅持認爲香
港大學的鄭耀宗教授更合適，因爲當時的兩間理工學院，即香港城
市理工學院及香港理工學院將要升格爲大學，兩間大學都要求保
持 65% 爲大學學位、35% 爲副學士學位，我認爲作爲校長必須認
識本地情況和深諳本地文化，這樣更能了解年輕人的需要，以應對
有相當副學士數量的教育需求。經過冗長討論，最後大家同意我的
選擇。

港督曾經與我討論升格後的大學發展模式，他建議兩間新大
學完全採用同一個發展模式，但我不同意，理由是兩間學府的歷史

背景都不同，香港理工學院前身是工專，有悠久歷史，香港城市理工起步是理工學院，發展過程也不一樣，但我同意兩者都以 65% 為大學學位、35% 為副學士學位的模式，其他範圍則各自發展，最終，港督接納我的想法。

城市大學其中一項非常重要的成就，莫過於與香港中文大學向政府申請設立法律系及建築系一事，結果香港城市理工學院成功爭取、並於 1987 年開辦法律系，而香港中文大學則獲批准開辦建築系。香港作為一個國際都會和國際金融中心，司法對香港的核心價值、國際地位及長遠發展極其重要，而當時只有香港大學有法律系，香港的法律人才仍然相當不足，香港城市大學成功開辦法律系，對大學的整體發展極為重要。

香港城市大學興建第一期及第二期新校舍時，我正在出任校董會主席，同時兼任校舍建設委員會主席，負責大學校舍建築工程，這正好充分利用我在工程項目管理的經驗。對於其中好幾項重要的設計要求，我都提出修改建議，例如所有建築物的外牆顏色，英國的建築師都建議用大家稱為「喪禮藍」的顏色，我要求採用另一種較柔和的藍色；另又因為校址正在當時的飛行航線下面，建築師建議用十吋厚的雙層玻璃，惟這對樓面面積浪費太多，所以我建議用單層較厚玻璃去解決飛機噪音的問題。另外，許多院長或教授都因為部分教職員還未到職，所以要求他們的房間都用高度隔音效果而且可移動的間隔，這些進口建築材料非常昂貴，後來我決定採用「凍結修改設計日期」的安排，即是說，定下一個日期，這日期之前誰都可提出修改要求、修改設計，過了這個日期，誰都不可以提出任何要求修改設計，若是要修改設計，顧問費用會增加，承建商的工程費用亦相應增加，這是很難控制的。這樣，源於我在工程項目的管理經驗，為香港城市大學校舍的興建節省很多工程費用，

又為了避免過早花費大筆費用，當時又曾指令各學院若非即時需要，設施或設備可以不用即時購買。許多這類的安排，令整個校舍工程費用大大的控制下來。

有一次，港督邀請我共進午餐。港督詢問整個學校的工程進度和支出情況，我回應說：「準時又不超資」。港督問總費用需要多少，我說：「十一億多一點。」港督非常驚訝：「這是不可能的，香港科技大學正在興建的校舍，面積差不多，標準要求也差不多，他們要花三十九億元！」之後港督問箇中原因。我當然心中有數，但只能回應說不想評論朋友負責的項目。

我當上香港城市大學的校董會主席時，首先做了三件事。第一，把教職員的退休年齡由當時的六十歲延長到六十五歲。第二，辭退副校長 Colin Fields 及校務主任 Richard Burton，他們兩位除了看不起中國人，又常在校外貶低自己的大學；第三，主動邀請學生會會長列席校董會會議，遇到討論有關教職員事務時，學生會會長才須要避席，這是一個創舉，後來我又在立法會提出修訂城大條例給學生會會長在校董會一個正式的席位。多年後，我才知道那位學生會會長就是現在著名的資深大律師潘熙。潘熙大律師常說：「何鍾泰是最開明的校董會主席」。

大學經常頒發榮譽博士學位給知名人士，但我出任主席的時候，並不是每年都頒發榮譽博士學位的；要給某位社會賢達頒發學位前，我認為校長不應向對方提出捐助金錢給學校的要求，如果合適，也必須待頒發學位之後才可以提出捐贈建議，以示對學位頒發標準的公平，因為我認為這些榮譽學位雖然並非基於學術成就，但也只可以頒給對社會有重大貢獻的人，不應該是因為捐錢而得來的。後來於 1999 年 11 月 17 日，我本人也獲香港城市大學頒發「榮譽工商管理學博士學位」。

當教職員對學校有投訴時，我會先請大家吃飯，聆聽他們的問題，之後才向校方詢問及尋找解決辦法，所以大家都很尊重我；我也常常參加學生的活動。我採取的態度是，大家都同屬一個大家庭的。

我曾經參與多個不同類別的公職，對專上教育發展投入的時間比較長、參與的程度也更為深入，也見證香港專上教育成就在世界上是有一定水平的，可以為本港培育不少人才。其實香港的教育系統也可以是吸引各地人才的一種資源。眼見仍然有愈來愈多家庭在能力容許的情況下，寧願選擇子女送往海外留學，香港人對香港的教育都不信任，實在可惜。面對社會普遍對香港教育制度的質疑，政府是否可以多些站出來向社會大眾多做說明；社會上出現各種批評或建議時，政府是否應該積極回應，提出有效的改革方法？政府曾經認定教育是香港需要發展的六大產業之一，其實香港已建立起一套有相當吸引力的中學及專上教育的體系，曾經有一段時期，香港是不少東南亞國家學生選擇升學的地方，如果我們再進取一步，再加強一些來港求學學生的生活配套，例如住宿設施、獎學金、畢業後的就業支援等，香港是可以利用本身既有的條件發展成為一個頗具吸引力的「教育基地」的。

## 第三節 ● 「金禧事件」催化的五育中學推動「校本條例」

六七十年代，香港人口急速膨脹，教育需求急增，教育政策也面對眾多的改革需求。七十年代末期，發生了香港教育史上影響頗為深遠的「金禧事件」。1977 年初，寶血會金禧女子中學有老師質疑學校的財務管理有問題，事件擾攘不息，6 月時更引發學生靜坐抗議；雖然暑假過後更換了學校的辦學機構，也更換了新的校

長，但學校對老師的管治及學生的對待問題仍不斷出現紛爭。1978年4月，學校發生幾宗搜書包事件，再引起學生和校長的衝突，學校着令四名學生停學，引發師生家長向港督府及辦學機構主教府示威，更靜坐和露宿三天。1978年5月14日，教署宣佈停辦金禧中學，在原址改辦德蘭中學。其後，由港督麥理浩爵士委任的調查委員會建議另設屬「有時限辦學」（後改為永久性質）的五育中學，整件事件才告平息。

這一間在沙田新市鎮成立的五育中學，是男女校的，母語教學，收錄不少屋邨內的學生，學生當時主要是屬於 Band 5，即成績最差級數的學生。政府委任五位校董加強對學校的管治，其中有兩位校董後來都進了立法局當議員（之後我接任校董，後來也做了立法會議員）。當時全港只有這一間學校是由政府教育署委任校董的。十年後，因為其中一位校董林思顯要往美國治療肺癌，於是政府就委任我去接任，後來我當了五育中學的校董及管治委員會成員三十多年。

「金禧事件」的出現，主要是因為當時受政府資助的學校，在學校管理中因監管不足而出現不合理現象。我作為由金禧中學演變的五育中學的校董，對學校的行政管理當然有較深的理解，也正是同時出任立法會議員期間，立法會討論「校本條例」時，於是便加入「校本條例」的法案委員會，協助制定這條條例成為法律。「校本條例」於2004年7月通過，規定全港中學及小學，必須在2010年前成立向政府註冊的法團校董會，並加入由選舉產生的家長、教師及校友代表為校董會成員；辦學團體代表，將減至佔校董會總人數的六成。學校亦必須列明法團校董會的權力和責任。

身為「校本條例」法案委員會的立法會議員之一，在五育中學學校管治委員及校董會任職中，可以從實踐中去體驗這條例，更

香港學術評審局成員，評審局負責審批香港浸會學院、香港嶺南學院、香港公開進修學院升格為大學事宜

於立法會會見市民

有效地協助推動五育中學採取「校本條例」的規定。五育中學取錄學生的其中一條規定，為校方不是只錄取精英學生，中一級必須接納約 20% 成績較遜色的學生，這個理念是要給予不同程度的學生都有平等的學習機會，成績較差的學生也應該可以享有要求更高、更有啟發性的教學資源。其實在個別學科的成績表現較差的學生，在成績表現較好的學生拉動的學習氛圍下，往往是可以重拾對那些學科的學習興趣，從而提高學習成績。事實上，現在的五育中學，文、理科的成績都令人相當滿意，其他在文化、藝術、運動等方面，成績也都屬中、上等，學校的整體氣氛良好。

## 第四節 ● 二十七年前當交諮會主席堅持
## 紅隧十元東隧十五元收費

我在政府的公職，主要集中在幾方面：工程基建、教育及工業。政府在這幾方面的管理也積累了不少經驗，1988 年政府成立職業安全健康促進局，目的是要提升港人對平日工作時安全健康環境的關注、討論，以及提出許多在當時普遍工作時應該注意的地方，包括安全及健康兩大範疇，政府也參考許多外國例子和處理方法，這當然也包括工作與生活的平衡原則 "Work-Life Balance"。在職安局成立時，我已經被委任為委員。

1993 年 3 月我訪問英國，在倫敦希斯路機場有英國職安方面的朋友接待，大家正在輕鬆討論興建連接希斯路機場的隧道工程時，工程棚架卻完全倒塌。

訪問英國約十天後返回香港，我就接到香港政府運輸司鮑文（Barma）的電話，邀請我在 4 月 1 日接任交通諮詢委員會主席，我回覆鮑文說可以考慮一下，沒想到鮑文即時回覆說不可以，因為

他一直在等待我返回香港，加上時間非常緊迫，所以要求我在電話即時回覆決定。當時交諮會主席在三月底離任，而這時已是三月底，所以必須趕在下一個星期五（三月的最後一個星期五）在政府憲報刊登新的任命。時間的確非常緊迫，我只好隨即回覆答應，鮑文立即通知布政司陳方安生，再由港督彭定康最後拍板，趕及刊憲公佈 4 月 1 日接任的交諮會主席人選。

日常交通與全港市民密切相關，交通諮詢委員會是政府其中一個很重要的組織，委員會的建議，幾十年來的歷史都是一樣，由回歸前的行政局以至回歸後的行政會議，都必定「照單全收」的。當時委員會共有六位官守委員和九位非官守委員，其中有運輸司是交諮會副主席，運輸署長是其中一位委員。我認為官守委員太多，公眾觀感不佳，所以提議以一位非官守換三位官守，最後我爭取成功，組成三位官守及八位非官守的委員會架構，此事後來獲得報章大事報道稱：「何鍾泰改革交諮會」。

出任交諮會主席期間，有一項工作的成績實在令我很自豪，因為這項工作幫了全港市民二十多年。1995 年 4 月初我甫上任，鮑文便邀請我到鄉村俱樂部午餐，原來他想在委員會的第一次會議通過一個議案，把紅磡海底隧道及東區海底隧道的收費即時增加到三十元。當時紅磡收費是十元，而東隧亦只是十五元。我提醒鮑文，以前政府說過私家車增長率要到 2% 才考慮增加隧道費，但當時增長率只有 1%，所以我不同意提高收費的建議。鮑文卻強調說，增加隧道收費是政府的徵稅收入，不是給予隧道公司的，故必須通過。

這議案就放在接任交諮會主席第一個會議的議程內，經過三個小時的討論，會議結束時仍未有決定；在第二個會議又再討論三個小時，有委員問：「主席，我們已討論了六小時，你還沒有講出

你的意見呢！」我回應說：「好呀！我給你們六個反對的理由。」當然，影響全港市民的政府措施是不可能突然作沒理由大幅度加價的。接着進行投票，全部委員都支持增收費用的議案，因為會議之前政府早已游說他們。因為我是主席，所以沒有投票，會後會見傳媒時，我說大部分委員支持議案。後來，我請教當時的行政局召集人鍾士元爵士，交諮會這類對民生影響較為重要的委員會，如大部分委員都支持議案，主席可否公開提出反對。鍾爵士回應說：「為什麼不可以？」

於是，我便盡量找機會出席或參與多個電台及電視的「烽煙」（Phone in）節目，即是電台或電視台現場接聽市民打電話進來的節目，我也出席星期日香港電台的「城市論壇」，以及無線電視台由黃霑及黃毓民主持的「唱雙簧」，不斷向市民講述政府建議把兩條海底隧道費由十元及十五元增立刻加到三十元實在太多，嚴重影響民生，太不合理。最終結果，行政局不接納交諮會提出的大幅增加徵收海底隧道費建議，紅隧維持十元、東隧維持十五元收費，也就是同意我的立場。這是從來沒有發生過的。後來，紅隧的十元收費一直維持至 1999 年；之後，也只是紅隧收二十元、東隧收二十五元。若不是我當時極力反對，兩條隧道的收費在 1995 年中開始已增加到三十元，市民的交通支出在過去二十多年已經要大幅增加。

原來，當時正在興建的西區隧道，已決定於 1997 年通車時的收費就是三十元，也許政府的原意是要把三條隧道收費都劃一定為三十元。其實這是不可能解決海底隧道車輛使用率不均的情況的，到時市民還是會優先選擇紅隧，因為其他兩條隧道在地理上相對較為吃虧。對我來說，這一次是非常有滿足感的成績，因為我成功阻止政府提出對社會大眾的不合理議案。

在電台「烽煙」節目直接解答市民有關
工程建造的問題

從第一屆開始，做了二十一屆「萬通小太空人」評審

話說回來，行政局決定不接受交諮會的建議的第二天，報章卻報道上任運輸署長許仕仁竟然公開批評，說政府「找錯了人」，意思是批評這個當主席的不聽話。其實我參與公職工作的原則從來沒有改變，就是符合「香港社會長遠整體利益」的，才會接受，否則是不會支持或同意的。在立法會的十六年工作，亦是本着同一個原則和宗旨。

## 第五節 ● 建造業訓練局成立柴灣訓練中心

從前我一直主張有四條連接海港兩岸的隧道或橋樑，認為有合適及足夠的連接道路系統才可解決這港九兩岸的交通困局。但1980年代談論得很激烈的鯉魚門連接啟德的跨海大橋，後來卻因啟德舊機場飛機自動升降系統的問題而遭取消。其實我一直渴望見到世界三大良港的香港海港，有一條美麗的大橋，因為現在青馬大橋、汀九大橋和昂船洲大橋都座落於海港西部，在港灣內是看不到的。即使後來完成的將軍澳跨灣大橋在海港內也是看不到的。

上世紀七十年代香港開始積極進行各項基建，以配合整個香港城市的迅速發展，同時成立不同的法定機構負責人才培訓，建造業訓練局就是其中一個培訓建造業工人的重要機構。

建造業工人的技術要不斷提升，與此同時，工地安全意識更須要加強，因為一直以來，工地的意外率是各行業最高的。首先在1975年5月1日，法例規定所有工地人員都要配帶安全帽及安全帶。初時他們並不習慣，覺得很不方便。後來發展到設立工地安全主任，情況才大為改善。香港的工程建造是世界級別水平，無論規劃設計、施工速度、安全記錄都是驕人的。業內常說，要令一個工程建造成功，要注意的因素包括：時間、費用、質量、環保、安

與港督尤德爵士為建造業訓練局葵涌訓練中作開幕作主禮嘉賓

與尤德爵士討論建築工人的地盤安全問題

全、與居民的關係，以及交通處理成效等各方面。

我在 1981 年已經獲委任為建造業訓練局委員，並一直擔任財務委員會主席，初時我代表香港工程師學會，三年後則代表職業訓練局，直至 1993 年，差不多十三年的時間，當時陳茂波為訓練局的會計師，後來貴為財政司司長。

在訓練局任內的工作可值得一提的，就是成立柴灣訓練中心，成立典禮的主禮嘉賓是港督尤德爵士，他非常關心工人的培訓工作。很可惜，尤德爵士後來出差北京時不幸去世。

訓練局委員曾幾次出訪新加坡、日本、澳洲，韓國等地。

1988 年至 1998 年這十年間，我還擔任職業訓練局的委員，後來則被邀作顧問。因為那時自己的工作和公職都很繁忙，開始時就告訴過布政司霍德（Ford）我不準備擔任訓練局的主席。

## 第六節 ● 新機場項目曾收兩萬多項索償申請

許多人都嚮往飛上天空，更幻想衝上雲霄。我自小就喜歡觀星，對不同的星座，白羊座、金牛座、雙子座、天蠍座等很感興趣，我也想過將來有機會修讀天文學。我屬白羊座，特徵是精力充沛，靈敏快捷的星座；十二生肖我是屬兔的，性格馴良，反應敏捷，看來這些特徵真的與我的性格十分相似。

在聖士提反中學寄宿時，中六那年校長委任我當學長（Prefect），協助參與一些校務，其中一項任務是每晚九時要走到低年級同學的宿舍 North House，提醒他們睡眠時間到了，必須安靜睡覺，並替他們關燈。從主樓到這宿舍中間有一條小徑連接，晚上漆黑一片，周圍一點燈光都沒有，沿着小徑走過去時，抬頭可以非常清晰地見到銀河系（Milky Way），地球就在下方。對地球來

出席科學家霍金（Stephen Hawking）有關宇宙及黑洞的講座

香港機場管理局安排董事及其他職員拉動波音 747 飛機（474.72 噸），取得健力士世界紀錄證書

說，這是最重要的天體，也是一個天空夜景，在市區稍有燈光就看不到。後來我在香港大學讀土木工程時，又加入天文學會，學習觀星，更學會磨玻璃自製天文鏡，與同學交換天文資料，興趣極濃，也可說非常幸運，因為坐三十天船前往英國的時候，每天都可欣賞日出和日落的景色，每晚又都可以看天象，總覺得人類太渺小。

後來，我更難得有機會應香港科技大學邀請，2006 年 6 月 15 日前往出席世界最知名的理論物理學家霍金教授（Stephen Hawking）主講宇宙及黑洞。霍金教授雖然患上會導致肌肉萎縮的盧伽雷病（Lou Garrett's Disease），但仍繼續研究量子宇宙論，後來更因患肺炎而接受穿氣管手術以致不能說話，我們所聽到他說話，不是他本人的聲音，而是通過電腦和語言合成器生成的，我們聽起來都有點困難。他創造的奇蹟，證明殘疾並非成功的障礙。霍金教授遺下了膾炙人口的著作，包括《時間簡史》及《黑洞與嬰兒宇宙以及相關文章》。

後來在 2008 年，我被政府委任為香港機場管理局董事局成員，一共服務了六年，完成兩屆任期時，機管局剛獲通過 EIA 即環境影響評估，可以興建第三條跑道，工程合約總造價 1,415 億元。因為跑道位於一大片污泥（Mud Field）的地方，環保人士又不容許像現時國際機場興建時可以挖走全部污泥，也不容許進行任何可以影響海洋生態的工程，尤其是中華白海豚的活動和繁殖，不能受到任何影響。最後我們決定用 "DCM"（Deep Cement Mixing）深層英泥混合式方法，先用銅管做樁柱沉下海，再往銅管倒英泥到海底，在海底進行混合，這方法造價非常昂貴，單是這個地基的總費用，就可能達到整個三跑工程的二至三成，比原來的預算要多出百多億元。其實，機場三跑的位置，只是海豚返回棲息地路經之處。當時也有傳媒提出反思：追求環保無可厚非，但環保的標準必

須切合現實，如果環保凌駕於發展，讓機場等對經濟、民生影響舉足輕重的項目寸步難行，這樣的環保標準是否合理就很值得社會反思。

我對航空事業是情有獨鍾的，雖然前後已考取十一個工程專業資格，包括有：土木、結構、岩土、環境、消防、航空、控制、自動化及儀表、建造、能源、材料、運輸及物流，這應該是整個工程行業的成員裏考獲最多專業資格的一位。我最難忘的，還有在這期間機場管理局曾經安排一個活動，就是幾十人在凌晨四時半，在機場停機坪的地方拉動一架停泊着的 Boeing 747 民航機，取得健力士紀錄，獲頒一張很精美的證書。

這是我第一次得到健力士的證書，另一張同是與影星成龍在政府大球場，一千人舞龍以成龍為龍頭，龍的長度為三千呎，那是第三屆國際展覽節的活動，創造了一個世界紀錄。我與二兒子是排在前面的其中兩位，可惜當時突然滂沱大雨，彩龍也腿色了，結果我與兒子二人的臉及衣服都染成彩色。

說回擔任機場管理局的這六年間，我參與機場的許多規劃及財務安排，例如中場 "Mid Field" 的規劃；香港國際機場捷運系統 "APM"（Hong Kong International Airport Automated People Mover），這是香港首個無人駕駛的旅客捷運系統，以及其他機場運作有關的計劃，例如在未有第三條跑道之前可以在一小時內容納六十八個航班升降的設計。我也有機會到美國西雅圖參觀波音（Boeing）飛機廠，以及參與國泰航空公司從波音接收一架新客機，另一次是前往美國參加國泰航空公司開辦芝加哥新航線的儀式。

在 1998 年 7 月 6 日赤鱲角新國際機場啟用時，我與其他機場管理局同事一起測試新機場的設施，一張我的照片也放在抵港人士

在美國西雅圖接收一架新波音 747 飛機

波音 747 飛機

免費領取的機場諮詢單張之內。

　　參與香港新機場的建設及建成後機場的運作，有很長遠的一段日子。1988 年至 1998 年，政府成立「新機場及有關工程諮詢委員會」，共有四十位委員，委員會運作差不多十年才結束，即由赤鱲角新機場規劃、興建，並以一夜的時間成功從啟德機場搬到赤鱲角，臨時機場管理局轉為機場管理局。

　　機場諮詢委員的工作其實非常繁重，項目的設計過程及臨時機場管理局的運作曾出現不少問題，有關工程的各項合約、有關噪音及海洋生態的影響、合約之間的連接問題、承建商索償等。單是合約的索償問題，整個機場項目就一共收到兩萬多項索償申請，一半大致屬於臨時機場管理局的，另一半由政府工務部門負責。委員會滿意政府工務部門的表現，無論是所需處理時間及賠償金額都是合理的；相反，臨時機場管理局處理的就有很大的爭議，賠償額非常高昂和不合理，所需審核時間又長。

　　例如西松的合約，賠償的金額竟然與合約價的十八億元相同。更嚴重的，莫如機場大樓。因為負責平整工地的合約文件寫明地基開石時是沒有留下任何裂紋的，其實這個「沒有任何裂紋」的標準是絕對不可能達到的，可惜當時的文件寫得就是如此粗疏，當地基合約的承建公司進場後，發覺並證明地基的石層有裂紋，於是提出索償，結果臨機局給了這地基承建公司三個月的工程延長期（EOT, Extension of Time）。之後，負責上蓋的兩家承建商進場時，也就順理成章獲得三個月的工程延長期。所以這兩家承建公司負責的工程還未開始，其中負責上蓋的公司已經即時可以得到超過十六億元，另一家負責機電的公司也得到超過三億多元，即兩家公司合共獲得超過十九億元的延期交付地盤的賠償金額。

　　赤鱲角新機場 1998 年 7 月 6 日啟用時，首三天因為電腦系統

故障而發生的三天大混亂，嚴重影響香港經濟、民生和國際聲譽，所以立法會運用特權法（即立法會［權力及特權］條例）進行調查，在這個立法會的特權調查小組，我擔任副主席，這部分在另文再詳細敘述。

## 第七節 ● 協助申訴專員顧問駁倒對修剪堅道「牆樹」的反對

另一個我擔任時間很長的公職，就是作為申訴專員公署專業方面的顧問。公署致力改善香港的公共行政，對有關行政失當的投訴，展開獨立、客觀及公正的調查，近年已改為主動審研涉及重大公眾利益或廣受市民關注的事項。由 1995 年開始，直到 2021 年，我出任公署的專業顧問，見證了申訴專員辦事處這一個重要的演變過程，公署現在已是一個很重要、很有效率的政府部門。擔任顧問期間，我曾協助解決一些專業問題，例如曾經有市民反對路政署為了公眾安全要修剪港島堅道的四棵「牆樹」，我便協助做了一個有關「牆樹」的結構安全計算和分析，結果申訴專員成功反駁反對者及他們聘請的結構工程師的論據。政府對於一些影響公眾安全或公共衛生的事，都必須給予優先處理，這是對的。

上世紀八十年代末，許多市民覺得屋苑的大業主（不少是發展商）經常壟斷屋苑的管理工作，委任集團旗下的管理公司負責，卻沒有對業主交代賬目的詳細內容，因而出現很多問題。當時港督衛奕信在 1988 年成立「私人大廈管理委員會」，我獲委任為公關委員會主席。委員會最重要的工作是成功修改當時的有關條例，讓小業主較容易以較少股權的情況下成立業主立案法團，權力比互助委員會大得多，更能為小業主爭取應有權益和透明度。我也在自己

居住的屋苑當了互助委員會及法團委員二十年，但我從來都說明不會當主席或副主席的。後來，在 1991 年，這委員會被港督彭定康取消。

在擔任這個委員會公關委員會主席和交諮會主席時，到港九各區與市民見面的機會是最多的時候。

除了對基建、教育等範疇的關注之外，在中醫藥方面，我也曾有機會參與。首先，在 2000 年 6 月，因為中醫藥的組織眾多，在香港理工大學兩次五百多人與會的「中西醫結合學術研究交流會暨 21 世紀醫院管理論壇」，我得到香港國際傳統醫學會會長葉濃華教授邀請為主禮嘉賓，大會顧問及主持大會會議。

在 2010 年至 2014 年，我又獲政府委任為香港浸會大學中醫藥諮詢委員會委員，當時的主席是高永文醫生，高醫生後來當上食物衛生局局長才辭任主席。因為中醫藥的重要性日益提高，尤其香港正在興建第一間中醫醫院。中醫雖然在中國人社會非常受歡迎，但在香港的發展卻非常緩慢。2003 年「沙士」（SARS）期間，最後也是由政府邀請兩位內地女中醫教授來香港提供醫治「沙士」病人復元期的醫治方案，中醫才受到一定的重視。到了 2019 年爆發的新冠病毒，中藥再受到推崇，更多被採用來協助醫治確診人士。

香港貿易發展局（HKTDC）是一個非常重要的法定機構，我曾獲委任為基建諮詢委員會主席，在任四年間，除了討論香港基建發展及提出業界的建議給政府外，每年都要率領一個 TDC 的外訪團到一個國家或地區，曾經帶團訪問越南、多哈、阿布達比及台北。委員會的委員都是主要專業團體的主席或會長，例如香港工程師學會、香港建築師學會、香港測量師學會及香港建造商會等，亦包括港鐵公司代表。

## 第八節 ● 「四個現代化協會」親睹深圳驚人發展速度

　　中國 1978 年改革開放，鄧小平把實現「四個現代化」作為政府工作的重心，即是「工業現代化、農業現代化、國防現代化、科學技術現代化」。香港一眾專業人士響應國家發展策略，於是在 1979 年成立「四個現代化協會」，由知名的廖瑤珠律師當第一任主席，我也旋即加入這個協會。

　　「四化協會」第一項工作就是多次組團前往毗鄰的深圳，當時那裏還像一條未開發的農村，什麼基建都沒有，交通很不方便。約在 1980 年初，招商局安排了遊艇接待梁振英和我前往參觀正在填海的蛇口新發展區。當時保護填土的海堤剛在建造。因為大家熱心怎樣在各方面協助這個新區，例如提供香港的賣地制度，連拍賣時用的槌也送給深圳市政府。第一次拍賣土地的時候，梁振英和我都在現場參觀。後來在 1987 年 11 月 20 日，深圳市政府委任我們為「深圳市房地產諮詢顧問」。

　　蛇口的發展最快，梁振英和我第一次參觀後，經過三十年的急速發展，一個非常繁榮的工商、科技、教育全面發展起來，招商局也再邀請我們兩位再到深圳蛇口參觀，向我們贈送紀念品，以表謝意。

　　深圳四十年的快速發展，震驚了全世界。早在 1979 年改革開放剛啟步時，我已開始前往深圳認識這個鄰近地方，交了些新朋友，了解他們的制度，我非常榮幸，親身見證了整個過程。粵港澳大灣區的發展機遇，尤其是將來，更能吸引年輕人前往創業。我們應該給他們機會，尤其是青年人，愈早走進去愈好，要抓住機遇、創造可能、釋放潛能，也要不斷挑戰自我、突破自我，走出人生的舒適區，在人生的旅程中翻山越嶺，不斷前行。

第六章

# 開放包容爲香港工程界
# 發展的基石

香港社會制度的建立，尤其是戰後的高速發展時期，幾乎都在港英政府管治體系的完全主宰之下。對於每一個專業服務的要求標準、培訓及學歷水平等等，均有法例、作業守則規定，或由行業內部自訂管理條例、會員操守予以規管。不同的專業界別有不同的發展情況，工程界是其中一個相對開放及包容的專業，這個發展方向，有助業界應對香港過去半個世紀的工程項目需求，起了十分積極及正面的作用。

我在草擬「香港工程師註冊條例」時，已與地政公務司，商討而最後同意採用一個對海外開放式的運作制度，開放模式有利國際與內地所有工程專業的交流。

工程行業範圍很廣，有超過二十個工程專業技術的改進，物料不斷推陳出新，都發展的很快，封閉式必然有疾礙發展的。

## 第一節 ● 完成「香港工程師註冊條例」開放國際交流

　　1975 年 12 月立法局通過「香港工程師學會條例」，由「香港工程師協會」升格為「學會」。我從英國回港後便預備申請入會，但當時會員不多，好不容易才找到兩位會員簽署申請書。入會後，旋即被邀請加入學會的理事會；但後來學會又發覺我會籍年期還不足兩年，不符合加入理事會的要求，所以要延遲入會。進入理事會後不久，在 1981 年我被推舉為「結構分部」的主席，同時被邀審閱所有會員呈交申請刊登予專業期刊 *Engineering Proceedings* 中有關土木工程及結構工程部分的文章，這工作量是非常繁重的。其後，有了兩年理事會經驗之後，我被推選為副會長；一般人需要經過至少三年副會長的任期才能符合升為高級副會長的資格，但我只做了一年便獲晉升為高級副會長；本來是三年任期的高級副會長，我又只做了一年，1987 年四十八歲時已成為香港工程師學會的會長，與一般正常所需的年期比較，我一共省了六年以上的時間。所以到今天為止，我仍然保持最年輕會長的紀錄，一直未被打破；而這個紀錄，相信將來也絕不容易被打破。

　　我在任內處理及完成幾項最重要的會務。首先，我只用了一

年時間便和政府的地政工務司班禮士（Graham Barnes）及他的副手傅立新（Hugh Phillipson）完成草擬「香港工程師註冊條例」，推薦給政府是開放式的工程師運作制度，即容許其他國家的學會會員可以在香港運作，不會立法規定「工程師」的稱號；與醫生或建築師不同，因為相信開放工程專業技術的國際交流，對工程這一個行業的發展極為重要。工程技術，無論在設計、建造、監管工程等，各地專家的交流非常重要，工程的專業比較多，物料非常繁多，質量分別很大，這些與其他行業不同。工程項目無論在建造時，還是完成後，都影響許多人，許多人有機會使用，這也是與其他專業不一樣的。

兩年後立法局通過「香港工程師註冊條例」，正式成為法例，我也當了第一屆的工程師註冊局委員，現時我在香港工程學會是屬於十一個工程專業的會員，也是這十一個工程專業的註冊工程師（Registered Professional Engineer，簡稱 RPE），包括有土木、結構、岩土、環境、消防、航空、控制、自動化及儀表、建造、能源、材料、運輸及物流。考獲的工程專業資格比任何一位工程師都要多。

## 第二節 ● 為工程界在立法會爭取獲得一個獨立議席

1985 年開始有立法局功能組別選舉，但工程界只能與建築界、測量界及規劃界四個行業共同佔有一個立法局議席（當時還未有園境師）。我代表工程界諮詢政府，既然工程師作為這麼重要一個行業，為什麼不能夠單獨擁有一個議席？但當時港督尤德爵士說他也認同工程界是一個重要行業，不過行業沒有足夠人數可佔一個議席，所以我出任「香港工程師學會」會長的時候，便決定批准多

個例如「建造」、「控制」、「自動化」、「儀表」等好幾個新的分部成立，學會人員很快便由八千多人增加到一萬多人，到 1991 年，工程界便獨立擁有一個立法局議席。

此外，在會長任期內，我又在學會引入直選元素，因為學會內不同專業的人數參差不齊，土木工程師比電機、機械或屋宇裝備工程師多出四倍，有些工程分部，例如化學工程、海事工程等，人數更只有幾十人。這些「少數民族」在會員全體普選的情況下，要當上會長或副會長、進入理事會或執委會都甚為困難，甚至幾乎是不可能。所以提出分組制度，把學會分成三大組，建造、資訊及工業，各自納入同類的工程行業，每個大組每年都可選出所屬分組的主席，即是說三個大組一共有三位主席，這三位分組主席都會成為學會的副會長。但這三位副會長任期只有一年，而且不會以論資排輩自動當上會長的，要當上高級副會長之後才有機會被選為會長，經過這樣改組後，能夠讓所有分部無論成員多寡都有機會直選出他們的分組主席，同時成為學會的副會長，可以進入執委會，達到平等、民主的原則。

## 第三節 ● 推動香港工程界與內地或海外業界的交流

我在 1987 到 1988 年出任「香港工程師學會」會長時，已明白與內地的聯繫和建立溝通渠道的重要性，所以努力安排學會與中國科技協會（CAST）、廣東科協、廣州科協等加強聯繫，當時「全國科協」的主席是朱光亞，雙方舉辦許多交流活動，包括澳門的三地論壇、研討會、講座、青年夏令營、互訪等，這樣奠定三地在工程專業方面的交流平台，後來更發展兩岸四地的互動交流，擴展網絡，有利工程行業的學術交流。其實當時香港工程界很想找機會到

二十七年前，工程界社促會成立

1985 年香港科技協進會成立，目的是協助工程界與全國科協作緊密
聯繫，圖為與朱光亞主席

內地交流，土木工程在內地已發展不錯，橋樑、高速公路、水壩等，結構工程也有很高的水平；但其他範疇，例如高層樓宇的機電工程、污水處理、規劃、測量等，卻很需要香港專業人士的協助。

早在三十多歲的時候，我已經成為幾個工程師學會的資深會員（Fellow），包括香港工程師學會、英國土木工程師學會、英國結構工程師學會、英國公路及運輸工程師學會等，更在 2003 年獲得香港工程師學會頒授最高榮譽的「名譽資深會員」（Honorary Fellow），又在 2010 年 12 月 2 日獲授「工程界翹楚」（Inductee of Hall of Fame）榮銜，所以連學會的年費也不用繳交。

1967 年，我大學畢業後在英國已經以最短的工作時間通過專業資格考試。其實，當年考試合格率只有百分之十幾。專業資格考試的面試分為兩個部分，第二部分的考官是根據考生過去的工作經驗提出問題，但第一個考官的提問則完全是考生以前未有參與的經驗。當時，當地的年輕工程師考生對於考官提問關於他們對未曾參與過的工程時，一般來說都是不太習慣也不懂得怎樣回應的；相反，第一個考官的這個提問範圍，更能給予我自由發揮的機會，更能爭取好的表現。

我在英國獲得博士學位，考取工程師的專業資格，又在國際級的工程顧問公司負責過多項重大項目，與英國工程界早就有很密切的聯繫。1989 至 1990 年度，我擔任英國結構工程師學會副會長，每年這學會多次安排我到英國倫敦出席理事會和各項會議，亦有機會在倫敦市的市政廳（Guildhall）參加全國會議和聚餐，有機會與英國各地資深業界交流。我很早已經以香港代表的身份出席，之後又被委任為學會亞太區的代表，所以三十多年來都不用繳交會費，這有多好！

## 第四節 ● 單獨完成第一本香港鋼結構規範

我在不少範疇的社會或專業服務，都曾經令我有不少的滿足感，尤其是在工程界的專業範疇內。例如 1980-1986 年這六年間，我獲屋宇署委任參與幾個工程行業設計規範的草擬工作，在委員會內，參與完成風力設計、護土牆、消防幾個設計規範；其中有關消防的工程，室內防火區域分隔法（Compartmentation）就是當時訂定的。期間，我更被邀請單獨完成第一本香港鋼結構規範，那是一份很繁重的工作，前期進行準備工作時，我參考許多國家的鋼結構規範，發覺當時其他國家所採用的規範並不全面，所以便專門成立一個小組，完成一份較完整的文件交給政府，提供給業界在設計鋼結構時使用，這些工程設計規範的工作，全都是義務的，做出成績，當然也感到很自豪。香港樓宇通常都是使用鋼筋混凝土結構，但高層樓宇、尤其是五六十層高的，為了符合風力設計的要求，可能要使用鋼材料，當時使用鋼材料可能在建設費用上要多出 10% 左右。不過，如果有抗地震要求，用鋼結構是有其需要的。

## 第五節 ● 為「大亞灣核電站」給香港市民解疑釋惑

除了工程項目之外，在核電安全方面，我也參與了有三十三年的時間。起始自 1985 年，當時國家已決定在大亞灣興建核電站，這是第一次國家容許外資參與核電事業。國家不會像日本私有化核電工業，除了大亞灣（不包括嶺澳一期、二期）以外，以及後來的陽江核電站讓中華電力公司參股，所有其他核電站都是國營的。當時香港上市公司中華電力公司在大亞灣項目佔有 25% 股份，但建成後有 70% 核電供應香港，後來增加到 80%。國家核安

1986 年成功籌備核技術展覽會，讓市民了解大亞灣核電供應技術

考察廣東省內正在興建的核電站

全局認為這地方在地震方面最安全，因為地處「太平洋火圈」之外，歷史上從沒有發生過黎克特制六級以上的地震，核電站的位置是離開香港約五十公里的深圳大鵬灣。

1985 年，國家宣佈興建大亞灣核電站時，許多香港市民反對興建。1986 年，新華社社長許家屯問我可否用四星期時間籌備一個大型的「核技術」展覽會。我覺得這是一個重要的公眾教育項目，很有意義，於是答應了，我暫時放下公司工作，立即成立籌備委員會，邀請幾位知名學者和工程界的資深人士，新華社部長翁沁橋亦是委員之一。開展工作時，首先聯絡幾個與核安全有關的國家單位，包括國家核安全局、環境保護部、應急辦等，向他們借來大型核設施模型展品，並盡快運來香港，在展覽會期間，上述單位也有派專家到現場講解和作專題演講。碰巧當時政府統計署已租用了尖沙咀星光行一個地方，距統計署租用剛好有兩個半星期的空檔期，委員會於是借用這場地籌備一個大型公開展覽會「核技術展覽會」，現場亦設有專家講座，解答觀眾提問。當時我已加入聖約翰救傷隊，於是也邀請聖約翰救傷隊派隊員在現場當值。

可能因為之前在其他地方發生過兩宗嚴重的核電廠事故：1979年美國三里島發生非常嚴重的核堆芯溶解；1986 年在蘇聯烏克蘭的切爾諾貝爾核電站 4 號反應堆大爆炸。所以，雖然當時大家對核電安全認識不多，卻存有恐懼的心理，反對興建大亞灣核電站的市民很多，有些反應非常激烈。在興建大亞灣核電站的地基時又發生「漏鋼」事件，即在椿帽延伸上來的鋼枝漏放了一些，許多人又把這事件擴大，香港市民的反對聲音變得更強烈，對大亞灣核電廠安全的質疑氣氛更為熾熱。這時大家都希望得到多些核能發電知識，所以通過一個大型的「核技術展覽會」給予社會大眾正確資訊是非常迫切的。結果，推出這個展覽會時，前來參觀的人士非常踴躍，

在北京國家核安全局爭取廣東省所有核電站加強通報機制的透明度

與環境局局長邱騰華訪問國家核安全局及環境保護部

短短兩個半星期，竟有超過 18 萬人參觀。當時知名的反核份子馮智活牧師，也曾帶同幾位朋友到場準備質詢和提出反對，我與他們辯論了三小時，最後他與我握手後離開，氣氛總算和諧。我本來就對這方面的技術有很深的認識，所以藉着這個展覽的機會，很容易便在公開場合向社會大眾做了很好的解疑工作。

直至 1988 年 8 月，由核電公司（即是後來的中廣核電運營有限公司）成立「廣東大亞灣核電站核安全諮詢委員會」，後來再改名為「廣東大亞灣核電站、嶺澳核電站核安全諮詢委員會」，簡稱「安諮會」，邀請黃保欣當主席，我擔任副主席，幾年後接任主席。

大亞灣核電站在 1994 年 5 月 6 日開始投產，兩台 984 兆瓦的發電機，總發電量 1,968 兆瓦。核電站啟動運作儀式在深圳舉行，國家總理李鵬從北京前來主禮。在李鵬演講前，核電廠董事總經理昝雲龍給每位出席者派發好幾張紙的演講稿，方便大家了解演講內容，但我見昝雲龍演講時，手上並沒有拿着稿子，大家聽着昝雲龍那麼長的演講，再比對手上收到的演詞，發現他的演講與講稿內容只差了幾個字，對於他超強的記憶力，大家都表示很驚訝。昝雲龍是我國核電事業的主要領導者之一，在 2010 年世界核電營運者協會（WANO）雙年會上，他獲頒「卓越貢獻獎」，成為中國核電界首個獲此國際殊榮的人。世界核電營運者協會是由全球核電運營企業組成的國際組織，每兩年頒發一次「卓越貢獻獎」，表彰各國在和平利用核能（商運核電站）領域做出傑出貢獻的人。此前，獲得表彰的主要都是歐美國家核電界人士，中國尚無人員獲得過此項殊榮。

因為大亞灣核電站的壓水式反應堆核電設備是由法國法馬通公司（Framatome）及法國電力公司（EDF）負責，而發電機組是來自英國通用電氣公司（GEC），所以英國領事和法國領事都有出

席啟動運作儀式，啟動儀式後舉行午宴時，李鵬總理走過來，先用法語、跟着用英語與兩位領事打招呼，想來我國的國家領導，應付此等國際禮儀都是如此嫻熟自然的吧！

## 第六節 ● 我國核能工業技術水準及透明度都是國際最高標準

在興建的整個過程中，自一開始我便見證並監察整個過程，包括土建工程及核電站的興建，在例行會議上亦提出許多問題，圍繞機組安全、人員培訓、任何事件發生的原因及應急安排等。後來在大亞灣北面的嶺澳一期及二期相繼落成，初時以為距離很遠，後來打通了一條隧道之後，其實相距只有 1 公里。而安諮會整個名稱也改為「廣東大亞灣核電站嶺澳核電站核安全諮詢委員會」。

在大亞灣核電站興建過程中，每次例會都安排差不多四十位香港記者一同前往，讓他們先參觀，跟着參與會後的記者會，讓他們盡量提出問題。但當大亞灣建成，嶺澳一期及二期興建時，香港新聞界已不願隨委員們前往，只參加在安諮會委員們下午回港後在一間酒店舉行的新聞發佈會。也就是說，香港市民已漸漸接受核電廠的存在，對其安全疑慮的敏感度已大大減低，安諮會的工作也可以說已經達到目的。

回顧整個核電發展歷史，全球先後有三次相當嚴重的事故，即 1979 年 3 月美國三里島二號核堆芯部分熔毀，1986 年 4 月 26 日蘇聯在烏克蘭的切爾諾貝爾核電廠四號核反應堆發生大爆炸，以及 2011 年日本福島第一核電廠因為海嘯引發的爐心熔毀事故。美國曾有一百○四座核反應堆，部分是壓水式，部分是沸水式；法國則有五十六座，主要是壓水式；日本曾有三十九座，主要是沸

水式。但今天核能發電已發展到第三代，全世界只有三個國家擁有安全度最高的設計，就是中國的華龍一號"Hualong One"（HPR 1000）、法國的歐洲壓水反應堆（EPR）及美國的非能動核安全（Advanced Passive）概念而設計的"AP 1000"。這些都是壓水式反應堆，比以前有更安全、更高的熱效率、更高的經濟效益和更低的維修成本等，遠優於第二代設計。在運營方面，中國曾經獲取不少的國際核能獎項。

2011 年 4 月 19 至 21 日，我獲邀與特區政府商務及經濟發展局局長邱騰華前往北京的國家環境保護部及國家核安全局出席核電安全會議，當時便藉此機會，成功爭取進一步提高安全通報機制。本來，根據「國際核事件分級表」（International Nuclear Event Scale，簡稱 INES）而制定的級別，0 級至 2 級是「事件」，3 級至 7 級是「事故」；在其他各國，要到 2 級才有通報機制。經我們爭取提高安全通報機制後，大亞灣兩個機組以外，還包括嶺澳一期和二期共六個機組，甚至廣東省所有其他機組，如有任何 0 級至 2 級事件都有即時通報機制，即時上網通報。自此，在「大亞灣基地」的六個機組，都採用這個「0 級至 2 級事件都有即時通報」的通報機制，這說明我們中國的核能工業，比較其他的國家，在透明度方面也是最高標準。在爭取提高核安全的透明度，本人一向不遺餘力。

第七章

# 議事廳內的
# 「無黨派」人士

立法會內是人民代表議決民生管治政策的場所，議事目標宗旨清晰明確，就是爭取及支持符合香港長遠整體利益的議案或計劃。

「在我面前無黨派」，這是我做了十六年立法會議員的座右銘。十六年以來，信念始終如一，坐在立法會議事廳上，一定要秉持公平、公正的信念，不會偏向某一方勢力。所以對我來說，無須為了黨派利益，不用受政黨取向左右，便能做出符合社會大眾利益的決定。為民辦事，只需心懷人民，無需預存立場，更不需要顧忌權貴利益，這樣更能符合我本人服務社會的作風。

因為從來不當自己是政客或政治家，只是一個「參與政治工作的工程師」（Engineer-cum-Politician）。身為一個專業工程師，沒有其他同事與我競爭要負責審批所有政府基建項目的工務小組主席，因為我每次都以最高效率處理所有政府呈上的項目。無論是工務小組、「特權法」下的調查、公開聆訊，還是法案委員會，這都是我的一貫作風。能夠成為較受推崇的主持審議法案的「法案委員會」主席，原因很直接，就是我秉持工程師尊重客觀的事實，堅守「知行合一」的理念，是其是、非其非。審議法案，經過議員的認真討論，反覆推敲，該通過的通過，該否決的否決，要修訂的提出修訂便可。有個別議員，專門找機會鑽議事規則空子，製造混亂，無故遲到缺席，刻意「拉布」拖延立法，相信絕非選民所願。

## 第一節 ● 香港回歸前夕港府急起推動民主議政

開埠以來，香港的管治制度一直沿用由上而下的單向治理方式，上世紀八十年代初，香港政府突然提出急速發展民主改制的計劃。

1982 年開始，中、英兩國政府在香港回歸中國的問題上展開談判，英國提出主權換治權，但不被中國政府接受。面對回歸的現實，過客心態主導不少香港人的思想，許多香港人努力爭取「居英權」，也有不少安排移民海外，加拿大、美國、澳洲、英國等國家都是熱點，希望拿到外國護照或外國居留權，買個「保險」。

我反而逆向而行。港大畢業後 1963 年負笈英國，五年後，當我要以香港護照申請續期時，英國政府發給我的是英國本土護照，但每次要填寫國籍，在填上英國國籍的時候，心裏總不舒服，因自己不是白皮膚的英國人，亦無興趣做黃皮膚的英國人。後來，我索性把英國護照退還英國政府，改用香港特區護照，既方便，又心安理得。

香港英治時代，一直以來不大鼓勵市民討論政治，亦少有提出有關民主發展的議題。不過中、英兩國對香港回歸的談判開始

後，香港政府似有刻意加快推動民主議政的步伐，在 1984 年 11 月，香港政府發表《代議政制白皮書——代議政制在香港的進一步發展》，1985 年 9 月 26 日，香港首次舉行立法局的間接選舉，正式開始香港的代議政制。

1985 年立法局我第一次加入功能組別議席的議員選舉，工程界與建築、測量及規劃共同得到一個立法局席位。在許多工程及建築界的朋友鼓勵之下，參與第一屆立法局功能組別的選舉，希望可以運用工程的知識和管理方法和技巧，在議政廳上為市民服務。當時競選的對手是曾在政府屋宇署當了二十四年公務員退休的鄭漢鈞，他有相當實力，比我年長十二年；本來只有我與鄭漢鈞二人之爭，大家估計我的勝算較高。鄭漢鈞後來找來電機工程師道良德加入競爭議席，道良德的年紀亦較大，是當時機電方面的資深前輩。本來在機電界別，似乎我是比鄭漢鈞較有優勢的，但因為道良德的加入，我失去在機電界別的優勢，加上進行投票時又是夏天，我的公司茂盛顧問工程師有好幾位董事及許多位友好都在休假，出外旅遊不在香港，很可惜也就錯失了他們的票數。這一次選舉結果，道良德獲得二百多票，我與鄭漢鈞每人各有千多票，二人相差只有二十票，一來一回，其實只是十位選民的差別。

第一次參與立法局功能組別的選舉，結果僅以二十票的些微差距落敗。當時支持我的布政司鍾逸傑也來到灣仔修頓球場看點票，為我差少許票數而落敗感到可惜。

當時的立法局任期是三年制，接着下一屆是 1988 年，我還沒考慮清楚是否再參選時，鄭漢鈞卻找來曾經是香港大學同班同學的周明權向我游說，希望讓鄭漢鈞多做一屆，我答應了。雖然相信這次參選的話勝算甚高，但最後我還是放棄參選。

因為我從來不當自己是政客或政治家，只稱自己是 "Engineer-

1997 年 6 月 30 日回立法會大樓開始
第一屆工作

1997 年 7 月 1 日回歸後第一屆立法會宣誓儀式

cum-Politician"，一個「參與政治工作的工程師」，秉持一個工程師的格物致知、知行合一的理念，參與各種公職及社會服務，以實踐服務市民的心願。當時基本法給了工程界功能組別一個立法會議席，所以在回歸前我開始有參選立法局議員的想法，希望在議事廳內、循立法程序的途徑去服務市民。每年政府花在基建項目大量政府資源，這些項目都直接與民生有直接關係的，希望用自己的工程技術和專業知識在這方面作出貢獻。究其本意，我從來都沒有爭取立法局議員席位的執着。

## 第二節 ● 由「臨時立法會」過渡至「立法會」的 "Engineer-cum-Politician"

1992 年彭定康接任香港總督，在首份施政報告上提出政治制度改革方案，中國政府不滿彭定康的政改方案，它不僅違反中英聯合聲明的精神、違反與基本法銜接的原則，也違反中英已達成的協議和諒解，於是中國政府單方面成立臨時立法會，以過渡至 1997 年後。

1996 年 11 月「香港特別行政區籌備委員會」通過，組成香港特別行政區第一屆政府推選委員會，負責選出香港特別行政區第一屆行政長官及臨時立法會。推選委員會由四百人組成，來自四個界別：工商界、金融界、專業界、勞工界、基層、宗教等界別；原政界人士、香港地區全國人大代表、香港地區全國政協委員。我當選為推選委員會委員之一。

當時參與第一屆行政長官競選的有四位候選人，董建華、吳光正、楊鐵樑及李福善。最後當選行政長官的董建華，在競選期間曾親自跑到我的辦公室拉票。回歸後推選委員會變為「選舉委

員會」，由八百人的委員（選委）組成，之後增加至一千二百位，
2021 年時再增加至一千五百位。我由 1996 年開始擔任推選委員，
回歸後第一屆開始變為「選委」，其後一直連任選委至 2021 年底，
共二十五年，我認為這方面的工作，應該告一段落，所以決定不繼
續當「選委」。

經由推選委員會的選舉，我出任了由 1997 年 1 月開始的臨時
立法會議員。

另一方面，礙於不能有兩個立法議會同一時間在香港境內運
作，在 1996 年成立的「臨立會」全體委員只能在每個週末前往深
圳華夏文化中心開會，直至 1997 年 6 月 30 日在灣仔會展參加回歸
儀式。1997 年 7 月 1 日凌晨開始，臨立會即名正言順地成為「香
港特別行政區立法會」，並立即開會，當時要議決的事情特別多，
需要取消許多不符合香港特別行政區的法律條文內的文字，例如
「英皇制誥」、「皇室訓令」、「立法局」、「行政局」、「香港總督」
等。此外亦通過許多修訂法案，通宵會議一直到翌日黃昏，人稱之
為「通宵立法」。

在臨立會時期，我參加了不少委員會，包括議事規則委員
會，草擬的五套議事規則，即大會、內務委員會、財務委員會、工
務小組委員會及人事編制小組委員會，大致都是採用前朝議事規則
的文件做基礎，編寫適合特區政府的相關文件。當時當然還沒有想
到「拉布」（故意通過某些程序或以冗長的發言去拖延表決，以阻
礙法案的通過）那些問題，亦沒想到需要有機制去停止「不可能停
止的會議。」

臨立會 1996 年開始運作，香港特別行政區立法會第一屆於
1998 年 5 月 1 日開始，第一屆立法會只有兩年，由 2000 年 10 月
開始第二屆立法會，之後便是每四年一屆的安排。第一屆立法會共

1998 年 5 月 1 日第二屆立法會宣誓就職

臨時立法會在華夏文化中心作最後一次會議

有六十名議員，分別從地區直選二十名、功能團體三十名、選舉委員會十名選出。第二屆選委會只選出四名議員，第三屆就再沒有選委會選出的議員，因為通過選委會選出立法會議員，只是當時一個過渡性的安排。

由臨時立法會開始，我一直獲選，連任至第四屆立法會；除了任期一年半的臨時立法會是由推選委員會選出，之後由第一屆至第四屆的立法會，我都是循工程界別當選。直至第四屆立法會任期於2012年9月結束，參與立法會工作前後共十六年。期間，每次選舉都有挑戰者，有些更喜歡在選舉過程用極「骯髒」的手法，發放一些假資料、假消息，甚至廣泛傳出「何鍾泰已中了風，不用考慮他了。」的詛咒謠傳，但「抹黑」是永遠不會得逞的。

最初十五年的立法會工作是在超過一百年歷史的立法會大樓，有自己的立法會辦事處，在政府大樓西翼307室；後來搬到與新政府總部成毗鄰的新立法會大樓，辦公室是編號是703室，這兩組數字是很有意義的巧合，「7+3」就是10，寓意「十全十美」。

## 第三節 ● 連續四屆以工程屆代表出任立法會議員

我出任議員的十六年裏，目標宗旨清晰明確，就是爭取及支持符合香港長遠整體利益的議案或計劃，凡與此有關，都會很努力協助有關的人和事。其中很值得一提的一件事，2004年政府提出準備把水務署私有化後，又有要把房屋署公司化的想法。政府這些計劃其實對有關部門的工作效率可能有不良的影響，私有化或公司化之後的服務質素很難保證，最終將會損害市民的利益。首當其衝，相關部門公務員的利益更將會直接受到打擊，無論是薪酬和工作穩定性都變得沒有保障，原有在政府公務員體系內的退休金、醫

競選工程界功能級別，有強勁的競選團隊

於立法會調查雷曼兄弟迷債的最後
報告

療服務等都會受到很大的影響。我並不支持政府這個計劃，竭力協助有關部門的公務員工會，參與共同設計口號、上街遊行等，又安排工會與相關局長見面，並以「工程界社促會」聯合十個政府工程師工會共同進退，加強談判實力。經過這一次事件，這些工會都非常欽佩我的積極精神及毅力，所以每次立法會選舉，都得到他們的強力支持。

我身為工程界功能組別選出來的立法會議員，代表工程界，所以不少服務都與工程界有關。工程界的選民有三分一在政府工作的，人數有三千多人，分佈在各工務部門，也有些是在其他非工務的部門。一直以來，都十分關注青年工程師的就業問題，其中有十多年時間努力爭取政府經三年培訓的年輕工程師繼續留任並進入公務員隊伍。起因是，以往的年輕工程師都是經過三年培訓便直接被聘用為公務員，但當時政府更改規定，要求他們部分人需要再工作多三年才可知道有否機會轉為長俸制，即所謂「3+3」，不獲轉為長俸制的便要即時離開政府。但這個制度在不同的部門又有不同的執行方法，同樣是工程師職級，有些部門對於三年培訓期滿後，要求延任的年期卻又少於三年，例如水務署，有要求一年的，或九個月，即「3+1」、「3+0.75」，不同部門的要求並不一致，非常複雜。經過長時間的爭取之後，結果有不少年輕工程師都可留在政府繼續工作。

多年來，年輕工程師要申請考取專業資格時，常常請會找我簽名推薦，我不但樂意替他們簽名推薦，每一位找上來的，都會趁機會與我討論他們自己的事業發展，我都給予他們寶貴意見，最少十五至二十分鐘，他們都感覺有所獲益，非常感激。所以不少工程師後來當上政府或企業高層，在公開場合，甚或演講時都有提及本人當時對他們的熱心指導。也因為如此，工程界的很多年輕選民一

工程界社促會聯同政府十大工程師工會反對政府水務署私有化計劃

工程界社促會支持房屋署工會大聯盟反對政府公司化計劃

直都堅定支持我出選立法會議員。其中現已在政府升至高位的佼佼者，就有陳志豪、楊暉及李冠忠等人。

## 第四節 ● 「在我面前無黨派」的法案審議主席

長期以來，我是由工程界別選出，並沒有任何政黨聯繫或牽絆，取態不涉及政黨立場；在議會中的議案辯論，提出口頭及書面質詢及發言，都非常積極參與，經常是整年之冠。因此，不少草案的審議，立法會同事都會選我為「法案委員會」的主席。

當時在立法會會議上，泛民議員已開始有採用「拉布」的行動，嘗試拖慢政府議案在立法會通過的程序，以表示反對政府提出的議案。我經常說：「在我面前無黨派！」我主持的委員會會議，都會堅持嚴格執行議事規則，依規定控制發言時間，明確議事範圍，控制離題表述、重覆發問等不按議事規則的發言，大大的管控了故意拖延議事的「拉布」行為。所以，我任主席的「法案委員會」，一般情況下效率都非常高，相對政府建議的會議編排，都很容易節省好幾個會期便完成整個草案的審議，交回內務會議，然後呈上大會，恢復二讀辯論。

其實，審議條例草案是一件非常嚴肅的事。政府提出新增法例或修改現行法例，經刊登憲報後，在立法會大會三讀通過之後，再經行政長官簽署便成為法例。法案在立法會上的審議，每一個決定都會對整個社會有深遠的影響，所以審議過程必須非常嚴謹，參與辯論的議員亦必須要有足夠的經驗，尤其是在「法案委員會」的審議過程中更為重要。

一般來說，法案提交立法會審議，在立法會大會上經過一讀、動議二讀後，便交付內務委員會審議，法案如具爭議性或性質

複雜，便會成立「法案委員會」，以便詳細研究法案的內容。首先「法案委員會」詳細討論草案的大原則和理論基礎，研究法案的整體優劣、原則和詳細條文，然後逐段討論草案內容細節，以及與法案相關的修正案，每字每句都可能要仔細推敲，最後還要逐段投票通過，記錄每段投票的委員，當時投的是贊成票還是反對票。

「法案委員會」完成研究獲交付的法案後，然後通知內務委員會，該法案便可準備在大會上恢復二讀辯論，如議案遭否決，即不得就該法案再進行其他程序；如議案二讀獲通過，也就等同立法會已命令將該法案進行三讀，如三讀議案獲通過，法案便完成在立法會通過的程序。立法會通過的法案，須經行政長官簽署和公佈，方能生效，再經憲報上刊登的方式公佈立法會所制定的法例。

## 第五節 ● 「法案」直接影響民生無一是小事

在多項法案審議的工作中，其中我很有滿足感的一次，就是當上《1998 年升降機及自動梯（安全）（修訂）條例草案》的「法案委員會」主席。因為香港人口密度高，七百多萬市民大多都要習慣高空生活模式，亦即是說數萬幢高層建築物及所有大型商場，還有無數的升降機及扶手電梯。幸好香港電力供應的穩定性和可靠性達到 99.999% 以上，世界其他地方無出其右。在審議這一條草案的過程中，我極力爭取升降機及扶手電梯進行維修時，為了安全，必須有兩名升降機及扶手電梯維修技術人員協助，維修人員亦必須要有專業工程師資格，以確保使用者的安全，這一個要求至為重要，因為任何出錯，都可能釀成嚴重意外。事實上，我自己就有過可怕的經歷，曾經在銅鑼灣香港工程師學會的大廈升降機內，被困四十五分鐘後才有消防、醫護及警察前來撬開電梯門解困。當時升

降機上升了半層便因故障停下來，電梯內的一位中年女士、即時暈倒，有個「大隻男」瘋狂拍打升降機門想催促救援，另外還有四位女同學瑟縮一角，半昏迷狀態，幸好本人「功力」十足，處變不驚，四十五分鐘後警察和消防人員到場，大家終於可以逃出生天。

提上立法會議事廳，從社會、民生、經濟角度都非常重要的一個基建項目，最佳例子莫過於與內地二萬五千公里高鐵網連接的香港段高鐵建設工程。2009 年底，立法會審議造價立法達六百六十九億港元的廣深港高鐵香港段撥款申請時，反對興建高鐵港段的泛民主派會議員在立法會財務委員會上不斷「拉布」，拖延表決時間。

2010 年 1 月初臨近立法會財務委員會表決撥款日，支持與反對高鐵者連日在前立法會大樓外集會，最終到了 2010 年 1 月 16 日下午 6 時 32 分，立法會財務委員會以三十一票贊成、二十一票反對，通過廣深港高鐵香港段的撥款申請，在前立法會大樓前集會抗議的反高鐵運動的不滿情緒一觸即發，示威者不斷衝擊前立法會大樓正門，更試圖闖入。當時約有一千七百名反高鐵運動示威人士包圍前立法會大樓，要求與運輸及房屋局局長鄭汝樺對話。反對派人士包圍立法會大樓，不讓任何人離開，封蔽附近的地鐵車站入口，令議員及官員晚上也不能離開，氣氛十分緊張，最終演變成為警民衝突，造成五名警務人員受傷。官員們被迫滯留前立法會大樓內六小時後，至翌日凌晨 12 時 35 分，逾百名警務人員築成人鏈護送一眾官員和立法會議員從港鐵中環站 J1 出入口進入港鐵車站，乘搭尾班列車離開。1 月 17 日凌晨，經過警方發出聲明及一再勸喻之後，示威者陸續自行散去。

這個撥款法案審議之前，我曾經冒着嚴寒，找了幾位朋友一同在北京南站乘高鐵到天津，體驗過車廂在行駛中的高度穩定，行

2009 年 9 月台灣 7.3 級大地震，我帶領工程界訪問台灣，與當地建造商會、工程界及地產商見面

到台北考察地震災後情況

車速度到超過每小時三百公里，坐在車內仍然非常穩定，車廂設計先進，非常舒適。過程中我又拍攝了很多高鐵車廂內外、速度指示板及火車站的照片。北京南站設計很先進，很有特色，感覺好像一個現代化機場大樓一樣。當時北京的氣溫是零下十七度，風很大，我冒着嚴寒、烈風，在車廂、車站內外四處取景拍攝，就是為了可以有親身的體驗，又可以帶回一些有關高鐵的放大照片給其他議員看，希望他們對內地的高鐵有更真實的了解，可以支持項目。廣深港高鐵香港段的撥款申請，最終還是獲得通過，但這一次的討論及審議是一次非常艱苦的過程。當時社會上政治氣氛熾熱，其實任何跨境項目都難以通過，因為不少人不問是非，「逢中必反」。

## 第六節 ● 審議政府法案之外也有提出私人草案

香港特別行政區的法制基礎，最重要就是「一國兩制」的體制，運作就完全依據《基本法》，雖然這「小憲法」沒有特別寫出相關條文，但管治模式就是「行政主導」，不是「三權分立」。《基本法》第 74 條清楚指明，議員不可以提出與政府公共財政開支、政府運作及政治體制有關的法案，只有政府才可以提出這三個範疇的議案。凡不涉及這三個範疇的法案，可由立法會議員個別或聯名提出；在提出前必須得到行政長官的書面同意。立法會議員提出的法案，稱為「議員法案」。

出任立法會議員期間，我曾經以私人草案方式，向立法會提交《2006 年香港城市大學（修訂）條例草案》的「議員法案」。因為這一個修訂條例的草案不屬於以上政府法案的三大範疇，所以可以由議員個人以「議員法案」方式提出，但這一條例草案涉及委任城市大學校董會成員的政府政策，因此向立法會提出前，事前我已

取得行政長官對該法案的書面同意。

《2006 年香港城市大學（修訂）條例草案》建議更改校董會的架構及減少校董會成員的總人數。提出這個草案，是根據 *Sutherland Report* 的建議內容；有關這一個報告，是受香港大學教育資助委員會委託，由愛丁堡大學前任校長宋達能勳爵（Lord Stewart Sutherland）監督撰寫而成，並於 2002 年 3 月發表。宋達能勳爵的《高等教育檢討報告》（簡稱 *Sutherland Report*）中，建議每所大學的管治組織應檢討其管治（Governance）及管理（Management）架構是否切合所需，其中一項重要的建議，就是所有大學的校董會，都應由當時的五十、六十位校董減為二十至二十五左右。因為提出草案本人不可以擔任草案委員會主席，所以我提名劉慧卿當這個法案的委員會主席，其他委員包括有張文光、楊森、劉秀成等。其後又有林大輝提出的「議員條例草案」。《2011 年香港理工大學（修訂）條例草案》，便是由本人擔任這個法案委員會的主席，這草案也是順利通過。其實在立法會內，議員議案不多，因為基本法第 74 條條文列明的三大範疇，已涵蓋大部分立法會要處理的事情。

## 第七節　●　議事廳之外也要香港及境外四處奔波

當立法會議員，每個月都要輪流接見市民及社會團體，包括少數族裔。我對這類工作是很有熱誠的，也很樂意接見他們，每次都很認真去跟進他們的訴求，協助他們。我也很關注社會發生的事件和事故，例如 2010 年 1 月 29 日發生的紅磡馬頭圍道塌樓嚴重事故，45 號 J 住宅樓宇疑受地舖裝修工程影響主力牆結構，由地面層開始坍塌，繼而將樓上四層逐一扯下。事發後瓦礫堆積達兩層

在紅磡馬頭圍道塌樓現場視察

負責葵涌焚化爐（composting plant）及第
一代焚化爐（incineration plant）

樓高，通往天台的梯間斷裂，與 45 號 J 並排相連的 45 號 H 座亦損毀嚴重，牆身出現兩個大洞，磚頭、鋼筋外露；事件造成四人死亡、二人受傷。得悉事發後，我立即趕到現場與負責處理事故的屋宇署官員商量情況，討論事故的處善後方法。

我的服務範圍很廣，除了社會事件，也很關注工程界專業的發展。2005 年，兩次帶領「工程界社促會」訪京團時，獲周光召和徐匡迪兩位全國政協副主席在人民大會堂香港廳接見。我又曾經爭取每個機會提議特首應該安排立法會全體六十位議員，不論黨派，帶他們往北京與國家領導人見面，這有助加深立法會議員對國家的認識和歸屬感，周光召和徐匡迪兩位領導都回應這建議值得積極考慮，當時傳媒也有報道。

台灣 2009 年 9 月 21 日發生黎克特 7.3 級大地震，這場地震造成 2,417 人罹難，29 人失蹤，11,305 人受傷，有 51,711 棟房屋全部倒塌，53,768 棟房屋半倒，這是戰後台灣傷亡損失最嚴重的自然災害。人員傷亡慘重之外，許多道路與橋樑等交通設施、堰壩以及防波堤等水利設施，以及電力設備、維生管線、工業設施、醫院、學校、政府機關等公共設施遭到震毀，更引發大規模的山崩與土壤液化災害，台灣鐵路管理局西部幹線一度全面停駛，也令不少客運公司暫時停駛。

當時我諮詢過中聯辦後，決定帶領工程建造界訪問團，包括工程師、工程建築公司和發展商，通過兩岸有關部門，兩次前往台北考察，與當地許多建造商會、工程界、地產商等見面，除視察地震情況，最重要是看看港方業界有哪方面可以協助台灣同胞災後重建。

只要有機會，我也很積極參加議員的外訪。曾訪問英國、法國及德國，參觀污水處理廠及焚化爐；又前往美國紐約、波士頓及

加拿大的溫哥華，考察海濱發展。參與這些訪問不少與基建或環保工程相關，這是可以理解的，因為我曾有差不多十三年時間，負責沙田及將軍澳這兩個香港第一代及第二代新市鎮所有政府的基建項目，亦負責香港所有第一代焚化爐、垃圾綜合處理廠及垃圾打包紮廠的興建。沙田及將軍澳兩個新市鎮發展都是當時龐大的基建項目，合約總價加起來按當時工程價格計算已達數百億港元。

在 2001 年 5 月 23 日，時任政務司司長曾蔭權安排一架專機，帶同香港各界有份量人士到國內西部作十天考察，到訪西安、北京、成都及烏魯木齊等城市，訪問團到訪北京時，更獲得國務院總理朱鎔基於人民大會堂接見，行程期間我們又獲得各市熱情招待，並為香港創造了不少的商機。這次訪問團成員共有二百八十二人，可謂是香港特區政府歷來組織最龐大的訪問團。工程師學會、大律師公會、會計師公會、律師會及建築師學會都有派員參加，我也參加了這次極具意義及代表性的訪問團，期間並為大公報連續十天做「隨軍記者」，每日撰寫一篇訪問團的活動報道。

## 第八節 ● 十六年經歷六次通宵會議

在這十六年的立法會議員生涯當中，共有六次正式的通宵會議，其中十分值得紀念的一次，就是 1997 年 6 月 30 日晚回歸後的第一次會議。港英殖民政府最後一屆立法局的任期於 1997 年 6 月 30 日結束，之前一直在深圳運作的臨時立法會，於 1997 年 7 月 1 日子夜，於政權交接儀式後隨即移師香港舉行會議，開始「通宵立法」，通過《香港回歸條例草案》，修改許多英治時代有關的條例或不合適的名詞（例如「英皇制誥」、「皇室訓令」、行政局、立法局等），這工作通宵進行，一直至第二天。

我經常在立法會大樓工作至深夜，而每逢星期六及星期日總有些時間需要返回立法會辦公室一趟。最難以忘記的，就是 2002 年 7 月立法會大會年度煞科的最後三天，那是母親因為心臟衰竭在醫院走到生命最後的幾天。每晚立法會大會結束，我立即趕到醫院與各弟妹輪流與母親談話，不斷講述前塵往事，保住她的記憶，讓她繼續聽到我們的聲音，維持着注意力。後來只見母親閉上眼睛，有時流淚，我們見到床尾血壓儀顯示的心跳線，逐漸減慢。連續四天的立法會會議完畢後，母親的心跳也停下來！母親，永別了！

2011 年搬到新大樓之後首兩個月，我受大樓新傢俬、新木材的高揮發性氣體影響，辦公室有些同事更出現皮膚敏感問題。新大樓的大會議廳當然是現代化設計，但我還是比較喜歡舊大樓的莊嚴氣氛。那一幢超過一百年歷史的舊立法會大樓，現在已變成終審法院。

說起用於打造傢俱的木材，曾經與朋友成立華都集團，集資投資泡桐樹的種植。泡桐樹是我國著名的速生用材樹種之一，它的樹幹挺直，樹冠龐大，葉大多毛，分泌黏液，能吸附粉塵淨化空氣，被稱為「天然吸塵器」，並且對二氧化硫、氯氣、氟化氫、硝酸霧等有毒氣體有較強的抗性。這個項目，在內地的六個地方，福建武夷山、四川、湖北、廣東從化、北京、山東等地開展，在澳洲也有投資；因為這個項目的發展，也曾經安排集團的訪問團到北京農林部拜會部長江澤慧（江澤民之妹）。

立法會議員雖說是制定民生政策，為民謀福祉的代表，但也有無能為力的時候。其中，議員最難處理就是油價問題。世界石油價格時有波動，但香港的石油供應商給市面的印象總是加價快、減價慢。香港的車用燃油價格是全球最貴的，一直為社會詬病，就連消費者委員會經過長時間的調查研究，也得出香港油價「加快」、

參觀世博香港館

工程界社促會參觀北京國際新聞發佈廳

「減慢」的現象。可惜，要究其原因以解問題卻不容易，其中一個主要原因，是本港汽油市場相關的數據十分貧乏，難以作深入探究。香港的供應商從來都以「商業機密」作擋箭牌，許多資料都不願意公開，甚至有幾次立法會建議用閉門開會形式、或把一些重要部分遮蓋，他們也非常強硬地抗拒。另一方面，議員又受到市民不滿油價「加快減慢」的壓力。政府方面，只會強調一向有監察本地車用燃油的零售價，並敦促油公司在國際油價下跌時，盡快調低車用燃油零售價格。結果是香港的油價一直都維持着較高的水平，政府則解釋油泵價包含道路維修用的，否則又要好像其他地方般收取道路費用。一次又一次的質詢討論，都沒有給市民滿意的結果。

## 第九節　● 堅守專業精神自能做好議政任務

雖然工作艱巨繁重，我在立法會也有許多令人很有滿足感的經歷，尤其是工務小組審核工務部門提出的基建項目。因為在工程方面的專業知識及經驗，我當主席大家是不會有異議的。我在英國及香港兩地負責各類大型工程的經驗，在兩地當承建商及顧問公司的管理層，從來都是負責大型工程項目，經常在同一時間負責超過一項工程。比如在 1982 年至 1993 年這十三年間我同時負責沙田及將軍澳兩個新市鎮的所有政府撥款的基建項目。其他的大型工程包括隧道、橋樑、高架公路、高速公路、船塢、碼頭。渡輪碼頭、醫院、酒店、焚化爐、煙囪、高層商住樓宇、斜坡、填海、環境研究及環保項目，管理工程經驗豐富。

我更因為曾經參與草擬議事規則委員會草擬工務小組的議事規則，對會議程序也非常熟悉。主持會議時，議員都不會胡亂提出技術或有關程序的問題。一般情況下，我都不容許議員提出本來應

該在事務委員會討論的政策事項，以及發言偏離討論的問題，我也會嚴格阻止故意重複的問題、不着邊際的延長發言時間，更從來不容許他們提出「臨時動議」，所以主持工務小組會議的效率都是極高的，最短的會議只有二十七分鐘。我又曾經在兩小時的會議內通過十五個工程項目。機場口岸連屯門赤鱲角連接路，第一次申請撥款是四百八十五億元，只用了八分鐘便通過。港珠澳大橋的撥款申請，因為有人提出司法覆核，浪費了一年多的時間，需要再申請撥款六十五億元，而口岸及連接路則需要多撥款 88.7 億元，幸好增加撥款共 153.7 億元的審議很快便獲得通過，不需再浪費更多公帑。

在立法會的日子，有些特別的事情也很值得提出。我深切體會到，身為立法會議員，最重要的還是要堅守是非黑白的原則，這一個在香港最具代表的議政廳內，更加不應受到外界未經深思熟慮的輿論或氛圍牽引，影響立法會對法治原則的堅持。記得當時有一宗引起社會極大關注的事情，涉及一位時任議員，那是一位口才最好的金融界議員，每次講話，從不用講稿，每次都會在限定時間內完成發言，在規定時間最後一秒時，講話也就結束，講完「感謝主席」他便坐下。可惜在第二屆任期時因為涉及一宗案件被判了刑，身陷囹圄，所以立法會要投票取消他的議員資格。當議案要投票時，全部在座議員都舉手贊成彈劾及趕他出立法會，只有我一個人投了棄權票，棄權也就等於是反對。當時許多傳媒問我投棄權票的理據，我不慌不忙地說：「他正在上訴，如果他上訴得直的話，怎麼辦？他已被趕走了！」第二天的《英文虎報》（*The Standard*）評論亦是一樣，認為應該等待上訴定案之後才作出決定較為合適。這是個法治原則，本來也就應該是立法會最應堅守的原則。

其實，我對所有立法會同事，無論是什麼黨派，都一視同

仁，自己十六年來都保持獨立議員的身份，雖然大部分黨派都曾邀請我加入，但我都堅決婉拒，反而後來成為了幾位獨立專業界別議員組成的「專業會議」的召集人，這個組織的前身是「泛聯盟」和「早餐派」。

第八章

# 以專業精神用好立法會「特權法」

社會上的重大事故或事件，必然牽涉各方面，頭緒複雜煩瑣，立法會受市民授權委託，出謀獻策、評議是非、追究問責，為大眾追求公義，找出社會公眾最大利益的解決方案，固然不能受個別持份者的利益左右，最重要的還是一種客觀的辯證思維。專業人士尊重事實的操守、系統思辯的訓練、善辨黑白的求真精神，正好是探求社會重大危機真相，順藤摸瓜找到問題核心，找出主要矛盾解決方案的最佳人選之一。

香港立法會的《立法會（權力及特權）條例》賦予民意代表立法會議員特權，可以深入調查，探求重大社會事件真相，追究責任，並做出建議，避免社會再受傷害。尤其是回歸以後，香港政府不再是由英倫任命的殖民政府，第一屆特區政府開始，已設立主要官員的問責制，進一步鞏固向人民負責的施政制度，通過《立法會（權力及特權）條例》，立法會議員代表市民可以行使特權，對社會重大事件進行調查，執行社會大眾對政府的問責權力，這對改善施政，融合政府與人民的共同追求，至關重要。

立法會任期的十六年期間，我參與或主持三次引用「特權條例」的「專責委員會」，包括新機場啟用大混亂、居屋短樁事件、雷曼兄弟迷債三宗重大事件的調查。

我本身是一位不受利益團體左右的專業人士，不偏不倚，更能直接探求事件真相；不避權貴，也就更好的追究手持公權力者應該為民服務的責任。經過多年專業培訓的嚴苛要求，打下基礎，不怕勞累，的確更有利於應付沉重艱辛，超乎想像的調查工作。處理危機時與做任何事情都一樣，需要估計和預測危機，而危機出現時要冷靜應對，切忌自亂陣腳。我特別着重分析問題所在，需要多動腦筋，因為思考愈多就會發覺問題其實不多，從而避免問題發生，做得更好。

## 第一節 ● 立法會「特權法」獨立調查委員會爲民請命

在立法會的十六年任期間，最富挑戰性的工作，莫如三次參與利用「特權法」去調查重大社會事件的工作，即是引用立法會《立法會（權力及特權）條例》，由立法會議員成立「專責委員會」，調查涉及重大社會公眾利益的事件。這三次都是當時轟動全香港社會的大事件，包括「新機場大混亂」調查委員會的副主席、「居屋短樁醜聞」調查委員會委員，及「雷曼兄弟迷債」調查委員會主席。

香港社會發生特別重大的社會事件時，尤其是牽涉面特別廣泛、涉及公眾利益的，有兩種途徑，其一是根據香港法例第 86 章《調查委員會條例》成立通過「獨立調查委員會」，該委員會的權力等同法庭，主席由法官或退休法官出任，再加上一至兩位具相關專業知識、形象中立的社會人士擔任委員。另外一個方式，就是根據《立法會（權力及特權）條例》（Legislative Council [Powers and Privileges] Ordinance），賦予議員及人員多項權力及特權，包括可以傳召作證的權力，這是立法會議員監察政府施政的一個很重要機制，立法會可以引用權力及特權法，傳召官員及證人到按議事規則成立的委員會作證，以調查政府及官員的不當行為。在公開聆訊

時，證人須要在宣誓之下作供。

根據立法會「特權法」而成立的專責委員會，全部委員都是現任立法會議員，都是當前的民意代表，而且專委會亦有權傳召證人及索取文件，包括政府任何官員及政府文件，委員與證人的言論享有一定程度的豁免起訴權，所以給予社會大眾一個更加客觀、中立的感覺。但因為是由現任立法會議員組成，所以專責委員會的調查工作必需在當屆議員任期內完成。

這一條《立法會（權力及特權）條例》是在 1985 年中英簽署《中英聯合聲明》後，隨立法會轉型至以間接選舉產生而制定。其後曾經引用這「特權法」而成立的「專責調查小組」次數不算太多，如 1993 年調查前廉政公署執行處副處長徐家傑被解僱事件；1996 年調查前人民入境事務處處長梁銘彥被要求提早退休離職事件及有關事宜；1998 年調查赤鱲角新香港國際機場開始運作時所出現的大混亂；2001 年調查公營房屋建築問題（居屋短樁醜聞）；2003 年調查嚴重急性呼吸系統綜合症（SARS）爆發的處理；2008 年調查雷曼兄弟迷你債券事件；2008 年 12 月調查前房屋及規劃地政局常任秘書長梁展文獲得批准受聘新世界中國地產事件。

後來，社會也曾經多次要求對某些重大事件進行較深入、較大規模的調查，釐清真相，減少日後重蹈覆轍的機會。不過，這些或要求由法官主持的「獨立調查委員會」、或是引用「特權法」由立法會議員成立「專責委員會」的建議。這些過往對政府及其主要官員曾經起到過一定的問責作用的措施，值得善加利用和重視。

## 第二節 ● 赤鱲角新機場啓用三天大混亂

1998 年 7 月 6 日搬遷機場，只用一晚時間便順利完成由啟德

與幾位跟回歸息息相關的人物進餐

舊立法會大樓的莊嚴勝於新大樓

搬到赤鱲角的工作，不過翌日便發生連續三天的機場大混亂，十個機場運作軟件及十個軟件的組合軟件全部失靈，引致所有機場系統都沒法啟動，沒有航班資料，行李系統停頓，電腦、甚至內部通訊系統都沒有反應，導致旅客無法從顯示屏得知登機閘口、航班編號及抵達時間等資料，大量航班延誤，更有旅客錯過登機時間。此外，行李分流系統在當日亦出現大混亂，大量抵港旅客無法順利領回自己的行李，有數千件行李遺留在抵港大堂無人認領。

但這個世界上最繁忙之一的國際機場，其運作不可能有片刻停頓，許多職員唯有每人拿着一塊白板，在機場內走來走去，告知大家有關航班的資料，航班閘口，航班起飛或抵達時間、行李位置等。大混亂情況竟擾攘了三天。最後，新機場啟用時的大部分問題在運作一星期後才陸續回復正常，但空運貨站最終需時長達六星期才回復正常運作。

這大混亂不僅嚴重影響香港的經濟及民生，也同時影響香港的國際形象，是香港的一個特別嚴重的大事故。立法會即時通過在「立法會（權力及特權）條例」之下成立專責委員會，調查這次機場大混亂，決定用最快的速度完成調查，以挽回香港國際機場一直以來深受國際讚賞的美譽。因為這是複雜的資訊科技問題，所以須要聘請大學的專家協助。專責委員會委員共有十三人，主席是周梁淑儀，本人被選為副主席。

調查、研究，草擬報告共用了七個月時間，後期的會議，每次四小時，正、副主席都全程不離席，其他委員一如慣常的自由進出會議廳。最後階段，亦是最困難的階段，就是最後由秘書處準備好的厚厚的報告草稿，因為時間太迫切，要到晚上半夜十二點，秘書處的報告擬稿才準備好讓議員到立法會接待處領取。當時距離第二天會議的時間已不多，但身為專責委員會的副主席，責無旁貸，

只得取了草稿後，便立即返回自己的辦事處盡快閱讀，直至半夜三、四點才坐在辦事處的座椅稍微睡了一會，翌日早上八點半又回立法會再開會。

過程中，傳召許多位證人，包括新機場督導委員會的正、副主席陳方安生及曾蔭權、臨時機場管理局的管理層，所有證人都須要在宣誓之下作供，即是說證人證供如有失實，是要負上刑事責任的。整個調查的最終結論是「管理問題」。

新機場的航班資料顯示系統，是一套高度電腦化的系統，用以輸入、處理、傳送以及顯示與航班有關的資料。航班資料顯示系統的設計特色，是把多種能夠提供和使用航班資料的系統高度整合在一起；與新機場大多數系統一樣，航班資料顯示系統最終的使用者兼擁有人，是機管局的機場管理科。政府又聘用外國專家、英國通用的分包商 Electronic Data Systems Limited（EDS）在英國 Hook 地方的分公司，作為負責交付軟件和硬件的總承辦商。

調查委員會發現引致航班資料顯示系統失靈的原因，大致可分為五方面：開發軟件的時間縮短；機場啟用前軟件測試不足以致未能糾正軟件問題；操作人員培訓和練習不足，未能熟悉軟件的功能；未有確定或延遲確定停機位；以及缺乏溝通和協調（包括機管局內部、機管局與承辦商，以及承辦商與分包商之間）。

調查委員會其中一項批評，是政府沒有派人與外國專家一齊執行技術的工作並獲取相關技術的轉移。不過，對於委員會這一項批評，後來政府的回應，竟然不是直接委派一位政府人員，而只是要求美國顧問公司 Bectel 派一位專家與 EDS 並肩工作，更可惜的是這位專家是外國人，而且很快便辭職離開，所以政府最終亦沒有得到 EDS 的技術轉移，這顯示政府高層從一開始，就沒有決心爭取機會獲得外國科技的經驗，花費大量資源，但在提升香港年輕一

輩的科技能量，完全得不到好處，可謂浪費資源。

## 第三節 ● 居屋「短樁」醜聞

我參與的第二個「特權法」專責調查小組調查的嚴重大事故，是香港於 1999 年至 2002 年期間被發現的居屋短樁醜聞，即「短樁事件」。

事緣香港回歸後，時任香港行政長官董建華在 1997 年度施政報告提出的一項「八萬五」的建屋計劃政策，每年供應不少於八萬五千個住宅單位，希望十年內全港七成的家庭可以自置居所，輪候租住公屋的平均「上樓」時間由 6.5 年縮短至三年。

當時很多人提出反對這個「八萬五」計劃，因為過往只能達到每年二萬多單位，要滿足每年八萬五千的建屋要求，對整個建屋過程時間的要求會縮短很多，接手項目的工程公司很難在過短的合約期及時完成工程，但是延遲完工的罰則非常重，有些情況是延遲一天完成，罰款竟達五十五萬元。面對過短的工程期及如此重的罰款，承建商即使中了標也大都不敢冒險，唯有快速轉判給另一間公司，接手的第二間公司也認為風險太大，於是再判出去，層層判下去，如是者最後不知道分判至第幾判，最後再找不到願意接棒的公司，便唯有「硬着頭皮」接下項目。有些接下最後一棒的公司為了減少虧本，只有想出偷工減料的下策，最後被發現許多地基的樁柱都遠遠不夠深度，很多三十至四十層高的公共房屋都出現問題，例如裂紋、傾斜，有些斜度嚴重到不能安裝電梯。

結果，很多幢三十多層高的樓宇須要處理，最嚴重的莫如兩幢位於圓州角一間學校後面的三十一層高的居屋愉翠苑，需要拆卸；而天水圍的天頌苑，則因為傾斜關係沒法安裝電梯而需要灌

回歸後與首屆行政長官董建華合照

臨時立法會完成歷史任務

漿，那是很有難度的，需要時間灌漿，且使用大量資源才能完成。其他有嚴重問題的還有葵涌石蔭邨、天水圍天富苑等。

　　因為受影響的房屋數目非常龐大，令公共房屋計劃大失預算，排隊的市民更擔心「上樓」無期，整個社會都嘈動不安。於是立法會又成立一個「特權法」的專責委員會調查整個短樁事件，參加這一個「專責委員會」的立法會議員，當中以我及自由黨的劉健儀二人之一出任主席的呼聲最高。當日遴選這個「專責委員會」主席的投票之前，是立法會的內務會議，內務會議主席是同屬自由黨的周梁淑儀，她很快完成內務會議程，便急着開始遴選「短樁事件」專責委員會主席的程序，比預期的時間提早了不少。我身為工程界專業人士，具備非常厚實的工程管理資歷，對於調查這一宗「工程事故」當然最為合適，所以本來預期支持我當主席的議員是較多的，但可惜到投票時間，有三位準備投票支持我當主席的議員趕不及出席投票，這是立法會內不同黨派議員常用的爭位手段，最後組成一個十五人的專責委員會，當選主席的是劉健儀。

　　專責委員會經過兩年的調查後發表報告，認為圓洲角愉翠苑短樁等多宗事故，雖然導火線是政府的建屋量目標暴增至「不切實際」，但主因是房屋委員會及房屋署批出顧問合約給建築師後沒有足夠監管，彷彿將工作交給另外一個部門，沒有做好應變措施，結果被人有機可乘，偷工減料。

## 第四節 ● 處理「雷曼兄弟迷債」調查做了苦主的「包公」

　　第三次參與立法會的特權專責調查委員會，更是我一生中最大的挑戰之一，那就是「雷曼兄弟迷債」事件，這一次我出任調查委員會的主席。

2008 年中，世界第三大投資銀行「雷曼兄弟」（Lehman Brothers）受到次級房貸風暴連鎖效應波及，在財務方面受到重大打擊招致巨額虧損，致使股價下跌不止，一周內暴跌 77 %，甚至曾見不足一美元的股價，公司陸續裁員六千多人，並尋求國際間的金主進駐。2008 年 9 月 15 日，在美國財政部、美國銀行及英國巴克萊銀行相繼放棄收購談判後，雷曼兄弟公司宣佈申請破產保護，負債達 6,130 億美元。

　　迷你債券，是以信貸違約掉期（CDS）為標的金融衍生工具，即是高風險金融投資產品。所謂「迷你債券」其實不是一般的債券。從結構上說，這是一種以信貸違約掉期 "Credit Default Swap"（CDS）為標的金融衍生工具，是一種高風險的金融投資產品。其複雜程度之高，主要在於其連接的信用風險的複雜設計，即使對於專業的投資人士，也需要較長的時間才能完全理解。所以，有些國家禁止售賣 "CDS" 予非專業投資者。不過在不少亞洲地區，不少銀行都有代售，而且有些銀行為了豐厚佣金，不惜推銷給退休人士、相熟的街坊等。這些對投資風險不太認識的非專業投資者，大都不會詳細閱讀銷售條文，以為「迷你債券」類似普通債券屬於保本類的投資，為低風險投資產品。結果隨着雷曼兄弟破產，其迷你債券價值大跌，一下子許多人的投資都血本無歸。

　　調查初期，在例行的立法會會議接見市民時，就曾遇到過一位八十多歲的長者，自己沒有家人或親戚，一生的積蓄就只有十多萬元，從來都放在銀行做定期，銀行的女職員不斷找他喝茶，他都一直婉拒，直至某個星期日，他終於經不起銀行女職員多次電話邀請，與她在酒樓見面，女職員不斷介紹「雷曼迷債」是保本、低風險及高回報的投資；長者說自己沒有投資經驗，但這位銀行職員說沒有問題，只要在表格上隨便畫 / 簽名字就可以，很容易就相信。

接着這位長者拿出一封信，是星展銀行的通知函，告訴他在戶口內的迷債價值已經完全蒸發，只剩個「零」字，即十多萬元全部輸光。他問：「我現在怎辦？」事實上，原來那位銀行職員代他填上屬於能夠承擔「高風險」的類別。後來，星展銀行決定只回購第一、二及三類風險投資者的債券，最終也不願回購第四及第五類的，因為星展銀行認為高風險投資者是為了搏取高回報，願意承擔高風險，也就是說這類投資者是屬於「輸得起」的是不幸的。這一位長者就在自己不知情的情況下被歸入這一類高風險的投資者。

香港是迷你債券發行量最大、涉及面最廣的地區。大部分迷你債券投資者將其視為收益較高的存款替代產品，因此無法接受其本金可能無法收回的結果。由於很多投資者購買迷你債券時，接觸的是進行零售的銀行，在購買過程中甚至沒有注意到這些迷你債券與雷曼兄弟公司的關係，使得他們對於銀行的不滿急劇上升，最主要的申訴集中在銀行的不合理銷售手段。

雷曼兄弟公司「爆煲」引致全球陷入「金融海嘯」，經濟一落千丈，影響深遠。香港共有四萬三千七百位雷曼投資者，購買額總計 202.3 億港元，許多人因此陷入經濟苦境，精神大受打擊。這些「苦主」成立了兩個鬆散的組織，人數最多的是「香港雷曼迷債苦主大聯盟」，另一個是「星展雷曼迷債苦主大聯盟」。經過專責委員會接近四年的努力，很多苦主都非常感謝我出任主席的專責調查委員會工作，能夠協助他們取回投資雷曼迷債大部分的損失，有些成員在路上遇見我時，竟稱我為「包公」。

「雷曼兄弟迷債」事件發生時，剛好是立法會第四屆開始的時候，面對廣大市民前所未有的苦況，決定要進行調查，開始時並沒有通過成立專責委員會，只通過成立一個小組委員會，「立法會研究雷曼兄弟相關迷你債券及結構性金融產品所引起的事宜小組委員

金融管理局行政總裁任志剛被傳召多次出席調查雷曼迷債小組委員會，在宣誓下作供

回歸後立法會工務小組第一次會議

會」，後來事態發展越發嚴重，為了更好回應市民苦況的訴求，最後高票通過採取「立法會（權力及特權）條例」進行調查。推選主席時，所有不同立場的黨派都支持我出任主席，後來才知道無論是政府方面，或是銀行公會方面都希望我擔任這個調查「雷曼兄弟迷債」事件的小組委員會主席。

小組委員會於 2008 年 10 月 17 日在內務委員會轄下成立，職權範圍是「研究雷曼兄弟相關迷你債券及結構性金融產品所引起的事宜，並在有需要時提出建議。」可是因為「特權法」的調查程序與內務委員會議事規則所訂下的調查程序不相符，所以要先在小組委員會上提出一套混合式程式「工作方式及程序」，向內會提出獲得通過後才開始調查工作，那時已經是 11 月。

委員會選我當主席、副主席黃宜弘，小組委員會在 2008 年 10 月展開工作時有二十七名委員，差不多是六十位議員的一半，後來有十一位承受不了調查工作繁重而退出，截至 2010 年 10 月 22 日，只剩下十六位委員。

事實上，整個調查用了整整一屆立法會時間才完成，過程是非常複雜的。調查過程中，一共傳召六十二位證人，包括財政司司長曾俊華、財經事務及庫務局局長陳家強、證監會的總裁 Martin Whitney 及他的下屬、金融管理局的總裁任志剛及他的下屬、十九間有關的銀行中選擇花旗銀行、渣打銀行、荷蘭銀行（後來改名為蘇格蘭皇家銀行）、星展銀行、中國銀行及大新銀行的「大班」、銀行前線人員，以及一些「苦主」。

證人出席時可帶同一位同事或律師，但陪同者不能與證人說話或傳紙條，全部都要在宣誓之下作供。委員每人每次有十分鐘提問，但不可用法庭的盤問方式，所以委員中的大律師都不可用他們熟悉的盤問方式。有一次，當財經事務及庫務局局長陳家強出席公

開聆訊時，余若薇和湯家驊兩位大律師都在場，陳局長投訴他不懂得怎樣回答湯家驊的盤問，我即時裁決湯家驊不可用盤問方式，只能用立法會的提問方式，湯就回應：「那我不懂問了！」以聆訊主席身份我立即說：「你可以不問！」湯就離開會場。

根據「特權法」，被傳召的證人不可以不出席，否則調查委員會可向法庭申請拘捕令，如有不真實作供是要負上刑事責任的，提供不實證供也是刑事罪行。

根據「特權法」，所有牽涉到法律方面的，委員會只可以由正、副主席處理，雖然委員中有幾位律師及大律師，但因為受此限制，他們都不能參與涉及法律方面的工作；可是副主席出席率很低，亦不參與任何預備會議，所以全部有關法律問題，我只得獨自處理，例如與證人的眾多大律師開會，立法會的法律顧問說可以陪著我，但遇到代表證人的各大律師有書面提出反對的事情，寫判詞時，根據「特權法」的規定，都只能親自草擬。大律師提出的反對理據不僅是根據「證券及期貨條例」，他們有時也會用其他條例，例如「銀行條例」120 條第 4 款，為了解各個不同的條例，作出對應相關條例的回應，因此我經常要在立法會工作至凌晨三四點，怪不得有一次政務司司長唐英年在立法會大會上，當討論到功能組別時，也提到我的努力情況。

可能因為雷曼兄弟迷債事件太過複雜，證人眾多，取證困難，正式會議及公開聆訊合共三百多次，許多議員都毅力不足，不少人出席率都很低，也坐不足整個會議時間，甚至只坐了十分鐘便離席。有一次公開聆訊，我和立法會職員、證人及陪同出席的法律顧問，加上樓上有幾十位「苦主」都已到場，許多傳媒也已經架起攝錄機，但會議廳內其他委員一位都未見出席，敲了會議召喚鐘，十五分鐘的等候時間，到最後幾秒才有足夠開會的法定人數，場面

非常難看。其實聆訊在 9:30 開始，我與立法會職員早已在 8:30 分開預備會議。

整個調查用去三年零八個月時間，正式會議二百二十次，公開聆訊一百〇二次，因為要與法律顧問及秘書舉行預備會處理文件，亦要協助其他委員草擬公開聆訊給委員使用的提問紙，我一共開了四百多個會議。最後報告的每一段都要經過討論及投票記錄的。草擬報告，最困難是「問責」部分，經過多番討論，結果是對金融管理局總裁任志剛加以譴責（Reprove），證監會總裁則是「極度失望」，財政司及財經事務及庫務局局長則是「失望」。更難處理的是，有 3 位建制派議員不願意簽署最後的報告，除非能滿足他們提出的 3 個條件：（一）報告不能提到任何銀行名字；（二）取消「問責」部分；及（三）報告要將整個雷曼迷債事件的責任推給「苦主」。我認為這些要求都是不可思議，完全違背原則，絕不合理的，於是我拒絕了。結果他們三位就不參與簽署調查報告，另外寫了一份 *Minority Report*（《少數報告》），並獲得當時立法會主席同意，在大會宣讀這份《少數報告》。這確實是對調查委員會差不多四年的工作的不尊重，令人費解的。

過程中，不容易處理的事情也有不少，例如在一些閉門會議中，有委員不止一次提出要傳召在 2002 年及 2003 年有參與決定採取「一業兩管」的官員，包括曾蔭權、梁錦松、葉樹堃及唐英年等。我作為調查專責組的主席，當時容許大家作討論，但很快便決定結束不而作進一步討論，也不再跟進，因為覺得無此需要，傳召現任官員作供已足夠。否則在當屆完成調查報告是有極大難度的，假如不能完成報告，調查便要在屆末結束，不可延至下一屆立法會任期的。即是說差不多四年的「特權法」調查，報告仍然完成不了，這會是一個極大的笑話。

與局長及秘書長坐開篷電車在港島為四川汶川大地震災後重建籌款

在立法會接見市民（包括少數族裔）

最後，調查報告能夠在任內呈上大會，我在大會作了最後的口頭報告，大功告成。社會上，媒體方面都給予好評，認為委員會把事件已查個水落石出。在 2009 年 7 月 22 日通過這份調查報告的建議，政府當局要求銀行退回六成本金，長者則有七成；在香港金融管理局、證監會的干預之下，銷售雷曼迷債的銀行，也與大多數購買迷債的投資者達成和解協議，銀行將迷債的抵押品（Underlying Collaterals）在市場出售，收回的金錢，苦主可得到四成，所以大多數購買迷債的投資者最終獲得相當本金的 80% 以上，甚至有更高的賠償。委員會的努力，可算是協助了四萬三千七百名「苦主」取回他們原初大部分的投資，對社會來說是一個很大的貢獻。

第九章

國家領導人爲民福祉
的追求

除了十六年立法會生涯，我又當了兩屆港區全國人大代表，分別是第十屆（2003 年 3 月至 2008 年 3 月）及第十一屆（2008 年 3 月至 2013 年 3 月），能夠在國家的中央層面參與國策的立法和制定，滿足感就更大。

也許有人會質疑香港人出任人大代表能否發揮作用，建言能否受到重視。我就曾經以個人署名提出檢視「人大代表的組成」的議案，引起重視並見證人民代表大會對應我的議案而削減國家幹部在人大代表會所佔的比例。以我的個人經驗，國家相當重視人民代表包括來自香港的意見，反過來要檢視的，是身為人大代表者有否積極建言、認真行使代表人民的職責與權力。

出任人大代表、參與基本法起草及諮詢工作、與全國科技協會長期的交流，我有機會多次並親身與國家領導人溝通接觸，感受到國家領導人對人民福祉的關注重視，對國家發展的深謀遠慮，對國家治理的高超識見與魄力。相信只要大家能夠放開懷抱，走入祖國大地，親身體驗，便會更能理解祖國這大半個世紀的發展絕非偶然，也就不會對國家、對政府產生那麼多的困惑、疑慮。

感恩自從參與工作以來，趕上國家改革開放後的這四十多年，從參政、社會服務、專業發展等等各方面，有機會親身參與，並與眾多有心人士共同推動香港與祖國的融合，實在是深感榮幸的事。

## 第一節 ● 人民代表提出議案都會受到高度的重視

在特區的立法會這麼多年，我很有興趣比較全國人大及香港特區的立法程序，每一次列席人大常委會會議，我都習慣比對香港與內地立法的差異，因此對每條草案都可以提出一些可供參考的論點。

全國人民代表大會每年三月份舉行，每次大會約十二天左右。與會者均住在北京飯店，保安嚴格，外人不可內進，每一位代表每年都入住同一房間。每次開會後，傳媒都找機會做個人訪問。

每位人大代表都可在大會期間提出書面建議，我是提出建議比較多的人，諸如高鐵的管理、國民的健康等議題。對於人大代表提出的問題或建議，大會秘書處都會安排有關部委在六個月內給予書面回應；人大代表收到回應後，可填回表格，寫上同意或不同意。在 2011 年的會議，我曾經提出一個題目「人大代表的組成」的議案，建議把人大代表內來自國家幹部的比例大幅減少。因為從一些人大常委中得知這個比例甚高，有可能高達 80%，人大代表會內有這麼高的比例是政府幹部人員，這對於代表們監察政府的運作難免會受到一定的影響。其他國家的國會議員、香港的立法會議

員、全國人大代表的工作，最重要的必須包括立法及監督政府，根據中國憲法人大代表數目不能超過三千名。但如果三千名人大代表大部分都是來自國家行政機關幹部的話，整個人大代表會監督行政機關的功能就很難發揮。

這次提出的書面建議是我自己一個人署名的，沒有慣常地找幾位其他人大同事聯簽。事實上，其他的同事都認為我提出的這個建議太大膽，但我卻深信這是一個正確的建議，我在建議的內文中就指出當年的大會議程，最末一項就是要投票通過批准一位常委辭職，因為這位常委升官至某一職級就不可能同時擔任人大代表，而上一年 2010 年的大會議程亦有同樣的事項。由此可見，在人大常委的範疇，行政及立法本來就已經是「分了家」的。事實上，人大常委會的章程本來就有規定，組成人員不得擔任國家行政機關、監察機關、審判機關和檢察機關的職務；如果擔任上述職務，應當向常務委員會辭去常務委員會的職務。

想不到，建議提交後，不到十天就收到回應，回覆信說這建議很好，並詢問我是否同意交給有關部委去處理。回港後，沒多久就留意到內地報章已開始討論大幅削減人大代表中幹部人數的比例。翌年（2012 年），大會議程就有一項議案討論在人大代表中國家幹部所佔的人數比例減至少於三分之一。能夠給國家最高代表機關提出改善結構的建議，並得到如此認真的對待，我真的很高興。

每次常委會審議草案都邀請有關委員會成員列席，有需要時就要回應常委的問題。聽說當審議勞動合同法時，草案就經過「上落」（提「上」議決、返回「落」到委員會再收集意見）二十多次的討論修訂，整個過程非常嚴謹認真。

每一年的人大會議期間，港區人大代表都有長達個多星期的考察。一次我有機會參與考察江蘇省，行程包括五個城市：上海、

出席全國人大代表會議

列席人大常委會議

南京、無錫、蘇州及連雲港，聽取省、市級領導的彙報，也有機會與領導討論交流及參觀，這些考察給予代表們對國家發展有更具體深入的認識，很有意思。

我作為港區全國人大代表的第十屆和第十一屆的代表期間，平均每 15 個月左右便有機會列席人大常委會會議。人大常委會會議不在人民大會堂舉行，而是在另一幢建築物內，每次開會時間是一星期。

全國人民代表大會常務委員會（簡稱全國人大常委會）是全國人大的常設機關，在全國人大閉會期間，行使憲法和法律所賦予的職權，執行全國人大的職能；全國人大代表會議的草案，也都是先在這個大約一百七十人的人大常委會通過後，再呈上人大代表大會審議的。根據香港特別行政區《基本法》，許多決定都需要人大常委會決定的，例如修改《基本法》附件三、解釋《基本法》（即「釋法」）等。可以出席這麼高層次的中央行政機關會議是十分榮幸的事，我非常高興有這些機會。

## 第二節 ● 發言後秘書即時打好文字記錄效率驚人

常委會提出的草案，我都會盡量找機會發言，通常我會等待兩、三位常委發言後才舉手示意，這是基本的禮貌。每次發言完畢，我坐在另一邊的兩位秘書的其中一位便會站起來，拿着打好字的發言稿走過來交給我，請我看看有否記錄錯誤，他們做記錄的工作速度真是驚人。如我提出問題時已接近散會時間，便需要「留堂」，即留在會議廳看秘書做出來的講話記錄是否準確無誤，有沒有要修改的地方，因為其他開會的常委都已離開，工作人員便會安排另一部車來送我回去吃晚飯。

人大常委秘書處頒發全國港區人大代表證

列席人大常委會議發言

有一次，人大常委秘書長喬曉陽（人稱呼他為「喬老爺」）單獨邀請我晚膳，他說他都看過我所有的發言記錄，有非常好的意見和建議。我告訴他只是實話實說，喬秘書長鼓勵我繼續多發言。喬老爺也十分關心香港回歸後的情況，我就特別提出並與他討論香港當下的核心問題，例如房屋、教育、青年對前景沒有信心的問題等等。

出任了兩屆的港區全國人大代表，我深深感覺到香港市民對國家最高權力機構的認識不足，對我們這些出任人大的代表更沒有多少關注，也說不上有什麼期望。我曾經提出，我們這些港區人大代表在香港應該與社會有更多、更深入的接觸，建議給人大代表設立辦公室，或者專線電話、電郵信箱等，以便與香港市民聯繫溝通。但可能是出於為了減少中央政府對香港本土干預的顧慮，減低中央與香港地方形成兩個權力中心的壓力，這些建議一直都沒有被接納，這也是我們這些港區人大代表未能有更好作為的原因吧。

2003 年，我獲委任為「中華海外聯誼會」（China Overseas Friendship Association，簡稱 COFA）理事，任期為五年，五年後再獲委任，直至 2012 年，前後共十年。至此，也是配合我的第六個十年前完成所有政治活動、公職或社會服務委任的時間段編配計劃。當然，行政長官的選舉委員會的工作除外，因為要到 2021 年底才完結。

「中華海外聯誼會」由內地各界代表人士及有關團體、香港特別行政區同胞、澳門特別行政區同胞、台灣同胞和海外僑胞中的知名人士自願組成，是具有獨立法人地位的全國性、聯誼性、非營利性的社會團體。有一次我到北京參加有統戰部劉延東部長（當時身兼「中華海外聯誼會」會長）主持的理事會大會，劉部長主持會議不常看講稿，而是很靈活輕鬆地發言。之後，劉部長邀請幾位香港

統戰部劉延東部長頒發中華海外聯誼會證

兩次拜訪彈導專家錢學森教授

的理事共進午餐。每年聯誼會都安排到一些省市考察，但我因為工作與公職太忙，不能每次都參加。後來在 2013 年，我又獲委任為「中華海外聯誼會」榮譽理事，也是由劉延東部長親自頒發很精美的聘任書。

## 第三節 ● 香港與內地科技協會很早開始聯繫

1980 年我第一次到北京，前往長城和八達嶺旅遊，當時住在北京飯店，正值國家改革開放剛剛邁開步伐，可謂百業待興。後來多次得到國家領導接見，包括世界知名的「三錢」（錢學森、錢偉長、錢三強），曾經拜訪彈導導彈專家錢學森教授兩次，也曾與他及原子核物理學家「原子彈之父」錢三強教授二人一同吃飯。第二次訪問錢學森的時候，錢教授年事已高，聽覺也很差。早在 1984年，我曾經率領考察團拜訪當時是中科院院長的周光召，有機會聽到周院長解說國家科技發展的長遠計劃，介紹國家的「火炬計劃」，如何實施科教興國戰略，發揮中國科技力量的優勢和潛力，促進高新技術成果商品化、高新技術商品產業化和高新技術產業國際化。

早於 1980 年代初，我們與全國科技協會（全國科協）領導已有很多交往，曾邀請資深的周培源主席來港參加晚宴，後來亦曾與另外兩位主席周光召及朱光亞聚餐。全國科協每年都有全國性的年會，而每五年就有一個更高層次的「特邀代表大會」，有二千多人參加的。香港沒被邀請參加第一、二屆的全國特邀代表大會，我參加第三至第七屆，其中第四及第五屆，我是港澳代表團團長，第六屆我是香港、澳門、台灣及海外四個代表團的總召集人。特邀代表大會到第六屆為止，第七屆就沒有這個安排，所以第七屆也就沒有

與全國科技協會主席朱光亞教授

高新科技產業化研討會邀請朱光亞教授及高錕教授

設立代表團的團長，亦沒有全體合影。

　　每次會議結束後，都是全體二千多位代表一同拍照留念，在一個多層級的站台，由國家主席帶領，約有一百位國家領導坐在第一排，幾乎是所有國家領導都會出席，除了陳雲因為身體抱恙，不能參加，我幾次都沒有見到他出席。1991 年最特別，當時我是港澳團代表團的團長，站在第一排的中央，緊貼着江澤民總書記及李鵬總理兩位的座椅中間，其他香港代表團團員則站在後面。香港代表團被安排這麼重要的位置，原因就是香港在 1997 年便要回歸。這張有二千多人的照片有二米多長，也就是這一段時間，我有幸乘坐紅旗車，那的確是一輛非常漂亮的房車。

　　接着下一屆，即五年後，香港代表團站在中間靠左邊過一些，換了是澳門代表團獲得安排在中間位置，這應該是因為澳門在 1999 年回歸，所以在中央眼中，這一段時候他們較受重視。看來內地的禮儀安排，都是非常認真，比較講究的。每次帶領港澳科技代表團到北京，都會拜訪全國科協總部，與其他領導交流，包括鄧楠等，這段期間，我與國家中央領導有較多的接觸機會，親身體會到我國領導大眾的關切、對國家發展的用心；多位領導的識見、魄力，更非常人所及。

## 第四節 ● 基本法尊重「九大專業」建議保障專業自主

　　國家政策層面以外，在制定香港回歸之後的治港政策，也曾與中央領導有過不少的接觸，過程中也處處看到對香港人意見的重視。在 1985 年香港工程師學會理事會推舉代表加入「基本法諮詢委員會」時，我爭勝鄭漢鈞成為委員。「基本法諮詢委員會」共有一百八十位委員，來自各界別各行業，我加入工商界人士的「89

拜訪全國科協副主席鄧楠女士

列席人大常委會發言

人組」（Group of 89），他們都是工商專業界的精英，其他還有「民主派」（例如李永達，楊森）及「中間派」（例如曾鈺成，程介南）。當時各界提出有關政制安排的方案甚多。這三個派別亦經常被邀請到多個團體及機構主辦的論壇、地方組織的聚會、大學活動等，各自介紹自己的方案及進行辯論。我經常代表「89人組」與其他兩派代表辯論方案優劣。

當時，我曾與唐一柱及曹宏威兩位委員共同草擬一份建議書，這是有關行政長官第一屆選舉及往後的選舉安排，亦提出過立法會第一屆及往後的選舉安排，我們把建議書提交予諮詢委員會秘書處，轉交到草委會放在第一次會議（後來稱為「廈門會議」）的議程內。當時我們的建議，與基本法最後方案相距不是太遠。

五年的基本法草擬過程，我代表工程界，與其他八個專業界別，組成「九大專業」的聯盟，努力為專業界爭取對大家有利的基本法條款，「九大專業」包括工程師、律師、大律師、會計師、醫生、牙醫、建築師、測量師及規劃師，我們不斷前往北京與港澳辦主任姬鵬飛、李後副主任、魯平秘書長及「四大護法」（內地四位法學家肖蔚雲、邵天任、許崇德、吳建璠之合稱）見面，主要是為了爭取香港回歸後，專業運作不受政府干預，這就是現時基本法第 142 條：「在香港特別行政區成立前已取得專業和執業資格者，可依據有關規定和專業守則保留原有的資格。香港特別行政區政府繼續承認在特別行政區成立前已承認的專業和專業團體，所承認的專業團體可自行審核和頒授專業資格。」同時亦爭取到附件三的條文，有關中國憲法只能有限度在香港實行，例如國都、國旗、國徽、國歌、領海等。

憶起那段經常到北京與國家領導討論基本法的日子，最難忘的其中一件事，為當時北京港澳辦還在舊大樓，因 1980 年代期間

北京電力供應仍然不足，開會討論基本法時，經常是天已入黑而會議仍未結束，在會議室內大家差不多已看不清對方面貌，惟仍然不會亮燈。

我也因為參與基本法的起草工作，有幸會見「三錢」。每次「三錢」之一的「中國航太之父」、「中國導彈之父」錢偉長草委來港時，「九大專業」代表都與他辯論這些議題。

在漫長的這五年，我出席了無數次委員會的會議，參與許多場辯論，作過無數次研討會及論壇講話，在業界做了無數次有關基本法推介及搜集意見的工作。因為各界別、各方面人士關注的範圍都不同，例如土地政策、新界原居民權益、公務員權益及政制安排等，由於對基本法的討論，一下子令香港人對許多香港內部事務關注起來。

1992 年，彭定康爵士來港出任港督，邀請我到港督府午餐。當時只有兩桌，有香港官員，亦有英國外相賀維（Geoffrey Howe）及幾位英國官員，香港被邀請的除我以外，還有陳子鈞大律師及其他幾位嘉賓。賀維外相的午宴講話是有關基本法的，他手上拿着一本草擬好的《基本法》，說這是最後的定稿，然後他堅定地說："Take it or leave it"（即「可以要，或不要」）意即不可再有任何修改，他翌日要前往北京見國家領導。到底賀維手上的《基本法》是什麼內容，會上賀維並沒有透露，我們在座的幾個香港人都毫無頭緒；賀維手上這一份草稿，北京有否接受、接受多少，事後大家都不知道。當時席上賀維的舉動，實在不明所以。

## 第五節 ● 鄧小平的講話能力驚人

關於與中央領導的交往，我曾經獲鄧小平接見三次，但每次

都不容許攜帶相機拍照，所以沒有照片可作紀念，甚為可惜。與鄧小平的見面印象令人很深刻，記得每次見面，鄧小平都拿着香煙，但是香煙是沒有點着的。鄧小平講話時非常有條理，從不重複，講完一個議題，剛好是十五分鐘，每個議題都是如此，他沒有看錶，可能他根本也沒戴錶，講完五個議題後，剛好是一小時十五分鐘，他就站起與各人握手道別。對講話內容、議題重點、說話時間的長短，把握到如此精準的地步，與人交流尚且如此，可見其對大小事情掌控能力之高，絕非一般人的境界，真是一位了不起的領袖。我還記得，鄧小平每次都詳細講解他的「一國兩制」的理念和回歸後特區的管治問題，愛國者治港是他詳細解述的一個重點。

此外，我也曾獲其他中央領導的接見，例如錢其琛副總理、姚依林副總理、外長吳學謙及人大委員長吳邦國。印象中，所有國家領導都有他們的風範，令人感受到他們的不凡，尤其是錢其琛在主持香港回歸的過程中，與香港人有較多的接觸，錢其琛的形像很好，聰明得體，政策立場明確且強硬，但不至讓人感到冒犯；錢其琛當了多年外交部長，他有其特別的風範，亦令人想起另一位偉大領導人周恩來總理。

## 第六節 ● 感恩參與國家開放四十年的發展

2019 年 9 月 30 日，為慶祝中華人民共和國七十周年，中聯辦安排一個「香港各界人士觀禮團」前往北京三天，除了在人民大會堂舉行國慶儀式，還有閱兵典禮和得到習近平主席的接見。與習主席見面的前一天，韓正副總理主持國慶招待會，晚宴只邀請部分成員，我也有幸在被邀請之列，並被安排在第一桌，即與韓正副總理、王毅外長及香港特別行政區特首林鄭月娥同桌。坐在這一桌的

以港澳團團長身份出席全國科協特邀代表大會，獲副總理錢其琛接見

率領港澳團與副總理錢其琛見面

幾位嘉賓，第二天習近平主席接見時就站在第一排，是有機會與習主席握手的。

閱兵儀式是非常精彩和壯觀的，從 1984 年鄧小平第一次閱兵，到江澤民、胡錦濤以至習近平，每次閱兵儀式我都有機會參加，非常難得，亦清楚了解中國國力日漸強大，已成為軍事強國。在 1984 那一年，因為我們還在用膠卷（廣東話所說的「菲林」，film）拍照，雖然都大家帶了無數膠卷，但到最後，每人都是「彈盡糧絕」。二百年來，中國受盡列強侵略、搶掠、殺戮、不平條約、割地賠款，就是因為國家軍力弱得可憐，現在大家看到閱兵展示的先進武器，一次比一次令人驚訝，都看得很興奮，熱血沸騰。

2019 年的國慶觀光團，主要是邀請過去四十年，自改革開放以來一直對國家作出許多貢獻的人士。回顧過去四十多年，我自 1979 年開始參與香洲（現時的珠海）、深圳及珠江三角洲的發展，帶領及鼓勵年輕專業人士進入內地發展，與清華大學合辦「國情班」，讓他們多了解國家的情況。回歸前當上港事顧問，進入臨時立法會，成為立法會第一屆、第二屆、第三屆及第四屆議員，出任第十屆及第十一屆全國人大代表，做了五年基本法諮詢委員會的工作。1985 年開始籌備、1986 年舉行的核技術展覽會，迎來十八萬香港市民的參觀，自 1988 年加入廣東省大亞灣核電站嶺澳核電站核安全諮詢委員會（「安諮會」），初時當副主席、後接任主席，負責監察大亞灣核電站及嶺澳一、二期三個核電站的核安全，不斷推動和推廣核能安全，以及提高核電站運作對外的透明度，前後共服務三十三年。2008 年的四川汶川八級大地震，積極參與災後多個重建項目，籌得一千多萬元，重建袁家可育小學，那是當時香港特別行政區政府在四川第一個完成的重建項目、又在北川通口鎮興建十多間防疫康復中心等等。

1991 年，全國科協特邀代表與一百位國家領導拍照

五年一次科協特邀代表與所有國家領導拍照留念

在迎上國家改革開放後的這四十多年間，我能夠從這麼多方面參與國家的發展，並參與推動香港與祖國的融合，感到非常榮幸。

第十章

# 成立專業人士慈善機構
# 回應社會需求

上世紀香港的成功，各行各業的專業人士功不可沒。得力於各行各業各司其職，盡忠職守，為本身專業追求發展，不斷創造更高的境界，多個專業在國際上都取得舉足輕重的地位，世界前沿的水平，也藉此引領香港高速發展。

世紀交接，不少專業人士懷抱報效社會的熱誠，嘗試跨越本身專業範疇，有的參與社會服務工作、有的積極奉獻公職；也有投身政治工作，部分憑藉本身專業地位所享有的話語權，在政治圈內也漸漸能夠左右大局，可惜，稍有不慎者轉而迷醉於政治遊戲，反而成為少數心術不正的政客操弄的政治工具。

我從來都堅持自己不是政治家，更不是政客，只是一個 "Engineer-cum-Politician"，一個「參與政治的專業工程師」，因為基本法容許專業運作不受政府干預，即是專業人士可以根據自己的專業守則和專業操作，不受政府影響或限制。正因為這樣的專業發展環境，有適當的專業土壤，各專業的領域現在都可以得到提升，且能站穩世界最高地位，世界各項排名也是一個重要的考慮因素。

可是，近年有不少專業人士，漸漸沉醉於政治參與，大攬政黨、政團政治，本來是沒問題的，但有些政治人物卻忘記基本道德和原則，導致香港回歸後，「一國兩制」無法正常全面發展，完全沒有落實鄧小平先生定下來的基本原則，最明顯就是「愛國者治港」、「行政主導」，甚至傾向外國勢力、出賣國家利益。導致近年社會的動亂，政府和立法機關無法正常運作。

本人從來都不熱衷政黨政治，而且敬而遠之。此外，我更不認同政治人物不願放棄外國護照和居留權的選擇，因為「忠心」是要真誠展現的。

## 第一節 ● 《基本法》之後香港的政治組織日趨活躍

　　1990 年 4 月 4 日，全國人民代表大會通過《中華人民共和國香港特別行政區基本法》。基本法頒佈後，一次晚宴席上坐在旁邊的魯平秘書長對我說：「專業運作，都是你們專業人士最清楚。」經過五年的基本法討論和爭取，最後落實現時的基本法第 142 條，專業人士的專業運作將不受未來特區政府的行政干預，解決專業人士對香港回歸後專業資格評審是否需要政治思想審核等的擔憂。基本法經過各行各業各範圍的反覆辯論探討、推敲、諮詢，實在是一本大家都認為滿意的「小憲法」，大家都必須學習、了解和推廣。

　　完成任務後，基本法諮詢委員會解散，工商專業的委員組成的「89 人組」（Group of 89）只能另起爐灶。有關非政治性的工作，我們成立一個智庫「工商專業聯會」（工商聯），由羅康瑞當主席，我當了十多年執委便離開。另外，關於政治工作方面，則由胡法光主導，成立「新香港聯盟」，成員全是基本法諮詢委員會活躍的委員，包括鄔維庸醫生，王敏剛，黃霑等，當時在討論政制發展的時候，這「聯盟」亦曾推出「一會兩局」方案。後來羅德承要當「新香港聯盟」的秘書長，胡法光又帶領一班成員另立「自民聯」，我

就跟隨加入「自民聯」，因為我與胡法光是非常要好的朋友。1992年時，有會員建議我出任「自民聯」的副主席，但遭我拒絕，反建議鄔維庸出任。1993年，會員再建議我當副主席，我再次拒絕，這一次我建議譚惠珠出任，同時也就正式離開「自民聯」，因為工程界人士不會喜歡他們的代表有黨派背景。後來自民聯被港進聯吸納，而港進聯亦加入民建聯。其後的政治活動接踵而來，日趨紛繁。1995年，許多工程界人士不滿意當時工程界代表在立法局的工作狀況，積極建議我出來參選1995年的立法局選舉。但因自1985年以來我便沒有參與任何選舉活動，所以這一次取不夠票數而落敗，然而，第二年有「行政長官推選委員」選舉，我參選了，且獲相當高的選票當選，成為四百位推選委員其中之一，繼而在1996年推選委員界別中獲選為臨時立法會議員。

## 第二節 ● 成立跨界別專業人士智庫「大舜基金」

立法會第四屆開始（2008年）後不久，鍾士元博士（爵士）兩次約我到香港會所午餐。鍾士元自上世紀1980年代起，身兼行政、立法兩局首席非官守議員，於1978年被封為爵士，1997年獲頒授香港授勳制度中最高榮譽的大紫荊勳章，在香港政壇備受尊崇，人稱「大Sir」。回歸後他仍然受到首任行政長官董建華器重，出任首屆行政會議召集人。

鍾士元表示，許多香港人都不斷恣意批評政府，但專業人士卻很少發聲，他問「究竟他們去了哪裏？」我說，他們很多都是「沉默大多數」，實際上不一定是反對政府的。鍾士元建議成立一個跨界別專業人士的智庫，並建議起名為「大舜慈善基金會」，我答應進行籌組，但希望先用十八個月時間諮詢各界人士，肯定有足

與大舜慈善基金會及工程界社促會創辦人鍾士元博士合照

與鍾士元博士及工程界社促會創會會長陳乃強博士合照

夠支持才放心進行。

「智庫」（Think Tank）或稱智囊團，許多智庫都會以「基金會」、「研究所」、「研討會」、「論壇」、「學會」或「協會」等名稱出現。成立智庫的目的，很多都是要對政治、商業或施政政策等進行調查、分析研究與研發策略，並致力於將學術研究與策略建議落實為政府政策。大部分的智庫都是非營利性質的組織，按照國家的規劃，可以分為三類：第一是由政府成立的，為各級領導層提供決策服務的智庫；第二類是民間智庫，由民間出資組織，體現公眾呼聲或對政府政策的訴求，但實質是有關企業的喉舌，為他們爭取更多的商業利益；第三類是由政府資助，但在研究課題及運作方式上，都是相對自由，以更加客觀的角度來研究問題、提出建議。

智庫能夠為社會發展做出貢獻，這一點是毫無疑問的。能夠為政府施政提供創新思維和解決問題的新思路，這些新思維和新思路，即使政府一時間不一定能夠採用，也能夠在社會上做成一定的影響，起到反映和凝聚民意的作用。

大舜是中國一位遠古的帝王，被譽為上古先賢，他治理水患功績卓越，當時的首領唐堯把帝位禪讓給他；大舜後來起用鯀的兒子大禹來治水，看到其能力突出，大舜又把首領之位禪讓給大禹而不是他的兒子商均。大舜在政治上以德治國，修訂立法，建立五刑，使民族融和，天下和諧，是為歷史上偉大的帝王和原始民主制度的楷模。

「大舜基金」取名「大舜」，就是期望以舜的謙厚睿智，服務大眾的精神，匯聚專業，共同攜手，建設更美好的香港。

2011 年初，我決定先成立「大舜政策研究中心」，並循稅務局稅務條例第 88 段下申請成為一個慈善機構，讓捐款可得到繳稅豁免。按照籌組計劃，在十八個月期間諮詢各方面人士共一百二十八

位，包括學者、各類專業人士、非牟利機構、勞工界、商界、政界等，都認為成立一個智庫是一個很好的主意，建立起一個專業人士可用以發聲和溝通的平台。據聞當時美國就有一千五百個這類的組織，而內地則有五百個；當時香港社會上的智庫不多，非政治性而立場既中肯又專業的，更是寥寥可數。

　　這個以慈善機構名義的申請，過了四個月還未收到稅務局回覆，很多人都說，一般來說，一個組織成立數年後，政府才會考慮批出慈善性質運作的許可。於是我不再等待，索性與一班重量級人士在 2011 年 5 月 12 日先安排成立儀式，許多傳媒朋友和知名人士都出席這個活動。無巧不成話，就在成立儀式酒會進行的時候，我們的義務核數師喘着氣跑進來，他手上拿着稅務局的信件，原來已獲批准，「大舜政策研究中心」成為政府核准的慈善機構，捐款可以不用繳稅。很多人都說這是很不容易的，尤其是成立當天剛好就是慈善機構資格獲批的同一天，更是難得。接着在公司條例下申請豁免寫「有限公司」，亦很快就獲得批准；這一項也不是容易獲批的，要通過政府內部許多部門傳閱審批才能完成的。

　　後來，因為工作範圍擴闊，遂改名為「大舜基金」，正式定位為一個慈善基金會。「大舜基金」有智囊團成員六百六十位，都是各行各業的精英，他們被正式邀請才可加入。顧問共九十三位，分六類：大學校長、港區全國人大、全國政協委員、行政會議議員、立法會議員及一些頂尖人物，例如前政府官員、律師會前會長、大律師公會前主席，所有智囊團成員及顧問都不用付費，但必須書面簽名確認加入，其實就是一個無約束而開放的專業人士平台，讓大家在參與活動同時可以擴闊社交網絡，對工作及發展方面都有幫助，亦可發揮服務社會的崇高精神。

# 第三節 ● 「大舜基金」的十二年

不知不覺「大舜基金」成立已過「一輪」十二年，亦編好《大舜基金慶祝 10 周年紀念特刊》，廣泛分發給政府高層官員、顧問、贊助企業、智囊團成員及有關人士。回顧大舜這十二年，可以說成功聯繫六百六十位各業精英，九十三位顧問，他們是精英中的精英，每一位都正式加入大舜，完全符合鍾士元的初衷：聯繫專業行業精英為香港服務，相信難以找到一個團體這樣龐大的人力資源庫，如果資源充足的話，將能發揮更大的力量，更會為社會服務。

「大舜基金」匯集各界專業精英，其中一個主要的工作範疇，就是舉辦許多有關經濟、基建、科技、金融、法律、土地供應等議題的講座及活動。2016 年 12 月出任中聯辦副主任的譚鐵牛博士，也是在「大舜基金」作了他來港履新的處女演講，講題是「人工智能」，因為他是一位人工智能專家。這些講座、論壇、研討會其中尤其重要、受社會矚目的主題，就是多個配合國家「一帶一路倡議」及「粵港澳大灣區發展」國家政策推廣工作的活動。

回應社會大眾關心的議題，「大舜基金」完成九個研究項目，所有研究報告都交給政府有關部門。在報章上刊登過二百二十多篇文章，這些研究及文章都是多元化，議題包括經濟、社會、民生及政治，但最重的是根據「大舜基金」的宗旨，這些文章絕對不可以有政治立場和政治利益的偏見，純粹是專業人士實事求是的意見及建議。

作為一個本土民間智庫，走過十二年，我深感香港社會對這方面的支持，仍有很多可以改善的地方。香港政府方面，特別是對民間智庫申請研究項目資助方面，需要做很多改革。首先，現時負責評審的人，大多是一些大學教授，他們把大學的那一套做法照搬

2011 年 5 月，大舜基金前身，大舜政策研究中心成立

與九龍公園一萬位長者參加「長者資訊嘉年華」

過來，並沒有考慮到民間智庫的實際情況；教授們又往往傾向給有教授參與的項目打高分，民間智庫並沒有請教授參與的項目，因而通常會被扣了不少分，雖然政府有表示會分別處理，但實際上很多時候沒有做到。智庫的研究，必須要有兩方面的結合，既有學術性的研究，也需要有符合實際、貼地的研究方法，兩者互相結合才最理想。

另一方面，為了保證研究的質量，政府應該檢討審批資金時「價低者得」的傾向。「大舜基金」曾經申請過一些項目，雖然獲批，但被削減差不多六成的預算，並表示我們的技術分數最高，但我們的預算也是最高的，其他開出的價錢很低。這樣的審批標準，十分值得商榷。如果是價低者得，又如何能夠確保研究的質素？

總結這麼多年主持智庫工作的經驗，我有幾點建議可以提供政府及有意組織智庫者參考的：

（一）政府可以借鑑世界智庫發展的經驗，制定相關政策，支持智庫的發展。

（二）政府在政策層面設立事業階梯，注重從智庫界引入人才，增加智庫對人才的吸引力。

（三）政府與智庫建立有效的互動溝通機制和渠道，加強雙方聯繫，共同開展政策研究。

（四）智庫要強化自身建設，提升研究成果的質量和水平，改進成果推廣方式，建立多層面的渠道和手段；有條件的智庫，應爭取更廣泛和更高層面的話語權。

## 第四節 ● 成為長者及青少年社會服務的一支力量

「大舜基金」第二個工作範圍是長者服務及青少年服務。長者

與認識四十多年的全國政協副主席梁振英合照

大舜執委祝賀 84 歲生日

及青少年是社會上兩個非常重要的群組，他們不是在社會上活躍工作和享受着黃金歲月的社會上主幹群組，需要特別關注。

長者服務方面，「大舜基金」曾舉辦多個醫療知識講座，例如癌症、心臟病、認知障礙症、糖尿病及高血壓等，還有中藥對肝病的臨床治療研討會；主講者都是知名的醫生和教授，主禮嘉賓包括曾任食物及衛生局局長高永文、前香港中文大學校長沈祖堯教授、梁智鴻醫生等重量級人物，參加者主要是長者及專業人士，講座免費參加，每次有一百五十人至三百五十人，人數最多的一次是在醫管局免費提供他們總部的演講廳。這些講座每次都很受歡迎，座無虛席。對長者來說，這些講座可以增加他們對嚴重病症的醫療知識。還在九龍公園舉辦兩次「關愛長者嘉年華」活動，由前行政長官梁振英主禮，每次都有一萬名長者參加。

青少年方面，「大舜基金」亦曾提供維修飛機的基本培訓課程，由一位現役 747 位民航機外國機師的指導，英語授課，這些學員都是未畢業的中學生，以及沒興趣繼續求學的青年，但希望藉此獲得一技之長來謀生。雖然所學的工藝都只是機身外殼最簡單的部分，但這些學員已覺得饒有趣味。

## 第五節 ● 響應國家「一帶一路」及「大灣區」發展工作

第三個範疇就是有關「一帶一路」倡議及「粵港澳大灣區發展」的國家政策的工作。

因「大舜基金」得到政府資助基金及私人贊助，故安排了不少項目，包括到東盟國家訪問和邀請東盟國家的講者來港出席研討會，也曾舉辦不少論壇、交流會及工作坊。在一帶一路倡議國策方面，雖然遇上疫情嚴重時期，但「基金」都安排了許多線上、或線

上與線下混合形式的研討會及會議，這些活動包括 2018 年及 2019 年的「一帶一路東盟之夜」宴會，許多國家的駐港領事均應邀出席；還有印尼總統的訪港活動，緬甸及巴基斯坦的投資機遇論壇，帶路分享晚宴等。

在金融方面，「大舜基金」舉辦首屆「一帶一路國際金融合作峰會」、大舜卓越講座「香港金融展望」，以及多個探討金融發展的講座論壇，包括有「開放式基金型公司」專業知識、香港離岸人民幣中心年度論壇、探討同股不同權的上市公司制度、中央銀行數位貨幣的機遇和挑戰。商務方面則有中美貿易戰、2018 年社會及經濟發展展望、商機交流午宴。法律活動有「大舜論壇——仲裁」、倡廉守正論談、決策中的公眾參與研討會。

此外，「基金」又有很多外訪活動：緬甸綠色基建及金融投資考察團共 30 位成員，包括梁愛詩、馬時亨等，一行人拜訪深圳大學，還有橫琴新區考察團、陝西漢中市訪問團，澳門科大學交流會、南沙及前海考察團拜。

至於有關基建方面的活動，「大舜基金」曾舉辦：智慧基建及樓宇建構健康測系統研討會、香港 2040 願景、機場三跑研討會、創新科技交流會——人工智能的發展與展望、大灣區磁浮列車與先進軌道交通發展研討會、助力核能事業助推繁榮發展座談會、香港國際機場參觀、科技發展以強化香港競爭力、香港國際機場 2030 年規劃大綱、港珠澳大橋觸礁的反思研討會，以及亞積邦與你穿越時空展覽 2017。

舉辦這些活動，旨在助力國家的倡議，盡量推廣香港在基建、經濟、金融和物流的優勢，以配合國家發展的大計。

所有組織、機構都必須有一批朝氣蓬勃的年輕一輩，因為傳承工作是極其重要的，大舜基金在 2023 年初成立「大舜青之林」，

一班年輕人自覺地發展他們的道路，主動安排各項活動，如主導大型十二周年晚宴，負責安排整個活動，協助尋找晚宴贊助人，也主動贊助晚宴數圍枱的費用，亦安排許多與深圳福田區的活動，又與統戰部合作，安排一些有意義的參觀，例如參觀比亞迪車廠，參加國情班等，他們非常活躍，令人佩服。

## 第六節 ● 「工程界社促會」積極培訓年輕工程專業人士

另一個我一直致力發展的組織，是「工程界社促會」，簡稱「社促會」。它是一個非牟利專業團體，最初名叫「香港工程師社會事務促進會」，由一班專業人士如非常有名望的鍾士元爵士、胡法光博士、前地政工務司陳乃強博士、蔣震博士等共同發起，在1995 年 12 月 19 日成立，以「社會事務」、「培育領袖」、「團結業界」及「兩地交流」為服務社會、服務業界作為核心價值。成立目的為年輕專業人士領袖及管理才能、團結專業人士，參與公共事務促進與兩地交流，積極回應政府諮詢，通過媒體發表有關基建、房屋、環保、能源、交通、政改、法治等議題。同時亦安排和參與社會服務活動，及鼓勵青年專業人士前往內地訪問和交流，加強認識和了解。

現時「社促會」有個人會員約八百人，公司會員約二十多間，包括一些大型企業、公共事業等。「社促會」很快踏入三十周年，歷史不短，也曾經舉辦無數多姿多彩的活動。許多青年部成員都已在社會或政府內有非常成功的發展，在政府內，好幾位年輕工程師已晉升到首席助理秘書長例如陳志豪，或總工程師例如楊暉、李冠忠，在私人機構也有成功成為管理幾百億資產的上市公司老板彭一邦，亦有發展到擁有三百多人企業的陳志敏。

獲中科院院長及全國科協主席周光召接見，介紹了「火炬計劃」

大舜基金安排眾多「一帶一路」項目，包括「國際金融合作峰會」

「社促會」曾經組織一個在北京清華大學舉辦九天的國情班，本來打算安排二十五位會員參加，結果參加人數超額共三十九人。國情班由清華大學的資深教授授課，學習班期間剛好遇上我的生日，大家為我在北京安排一個很難忘的生日會。前政府土木工程拓展署署長劉正光博士也特意從另一活動走來參與慶祝活動。

「社促會」會員多次獲國家領導接見，例如全國政協副主席周光召及全國政協副主席徐匡迪都分別在人民大會堂香港廳接見過會員；又曾經多次訪問港澳辦公室，接見「社促會」訪問團的包括廖輝主任，徐澤副主任及周波副主任；在上海，曾獲韓正副市長接見。每次與國家領導見面時，我都會點名請年輕會員向國家領導提問，希望給他們提供難得的經驗。

有一次受到的接待特別難忘，那是 2005 年的國慶，「社促會」通過中聯辦安排，組織一個訪問團到北京參加人民大會堂的國慶晚宴。國慶當日，港澳辦一位副部長清晨四點帶着訪問團二十多人，進入已有二十多萬人坐着等待日出升旗禮的天安門廣場，大家都明白這個安排絕非容易，要近乎小跑、走得很快的穿過黑壓壓的人群。十分可惜，有兩位團員真的跟不上，結果不能進去。

另一方面，廣州市白雲機場將要開幕啟用時，市政府安排一位副市長帶領「社促會」訪問團參觀，珠海新機場亦在未開始使用時由一位副市長帶領參觀。後來，我出任香港機場管理局董事會成員時，亦安排「社促會」訪問團參觀機場的各種運作和設施。

「社促會」一直以來努力協助香港政府，過去數年，約有七十次參與政府工務部門安排的地區諮詢活動，協助政府推出高鐵及各類基建項目時，向市民解釋基建對社會民生發展的功能和重要性，我曾經多次帶領年輕工程師會員參與這些活動。

「社促會」成立二十多年以來，每年都在大酒店舉辦四百多位

嘉賓的晚宴，每次都由重要嘉賓主禮，例如特區政府行政長官、司長、局長、中聯辦主任等。

「社促會」曾在 1997 年正式向政府提出在北大嶼山填海建設新市鎮，以容納繼續增長的人口及增加建屋土地以縮短輪候公屋的時間，「明日大嶼」的設想也成為當時香港政府一個深入探討的項目。「社促會」另一個向渠務署提出而得到採納的建議，就是「蓄洪池」，以前九龍西區常在低窪地受到水淹之害。根據洞庭湖的道理，「社促會」建議在大坑東與界限街之間的公園下面建一個大型蓄洪池，解決九龍西的水淹問題，成功處理五十年一遇的雨水。其後政府亦在上環建一個面積稍小的蓄洪池，同時解決當地長久以來的水淹問題；現時在上環，大多數的店舖門前仍可以見到有幾級樓梯，那是因為以前用來防止洪水浸入店舖用的。

近年，更大型的蓄洪池莫過如跑馬地馬場下面剛建成的蓄洪池。在跑馬地遊樂場地底興建一個六萬立方米、相等於二十四個標準游泳池的地下蓄洪池，於特大暴雨期間可以暫存該區收集到的部分雨水，減低流經下游雨水排放系統的高峯流量。暴雨過後，蓄洪池內雨水便透過自然回流及水泵經下游雨水排放系統順勢而下排出大海，因此大大減低灣仔及跑馬地低窪地區的水浸風險。

## 第七節 ● 總動員汶川大地震救災及災後重建

內地有不少嚴重天然災害，例如廣東省有些地方水災或南方的雪雨，如有機會，「社促會」都盡量參與，因為血濃於水。最大規模的參與莫如 2008 年四川汶川特大地震引致數萬人遇難受傷，那是人間慘劇。「社促會」總動員參與，尤其是青年部，會方申請特區政府的「非政府機構支援資助四川地震災區重建工作信託基

金」而獲批一百五十萬元，用作重建四川省德陽市旌陽區袁家小學。但因建校費用需要四百萬，於是「社促會」安排許多籌款募捐的活動，例如向電車公司借來一輛開頂電車、邀請發展局長林鄭月娥和常任秘書長麥齊光，以及政制及內地事務局局長林瑞麟從屈地街出發直至銅鑼灣沿途呼籲市民踴躍捐款，又在電車下層放了不少汶川災區的照片，另安排明星隊足球比賽，當時譚詠麟、黃日華、陳百祥等都來與「社促會」青年部作賽。青年部亦安排六星期在港九兩地天星碼頭在街上募捐。有些「社促會」主辦的業界聚會亦是一個募捐的機會。然而更重要的，是在我帶動下，「社促會」由青年部率領，聯同其他十五個專業團體的青年部，合共約六千名年輕工程師，組織一個「512年輕工程師大聯盟」，積極參與重建學校，並設立「一人一平方、共建新學堂」計劃。

「社促會」得到中聯辦和四川科技協會的協助安排，在2008年6月21至22日，首先由我帶同三位會員，李炳權、楊暉及何詠貞，前往重災區之一汶川東面旁邊的什邡市。因為很不幸的，什邡市位於地震發生時產生在原有的Y形斷層再產生的一條新斷層上面，引致什邡市廣泛房屋倒塌和萬多市民傷亡。我們繼而在2008年7月12至14日再進災區，包括地震震央汶川的映秀鎮、什邡市及德陽市旌陽區，並與四川科協港澳台部部長崔俊偉、德陽市旌陽區區長楊建明等簽訂援建災區學校計劃，並加強川港交流與合作，具有重要意義，中國科協國際副部長李秀亭亦有出席。

重建袁家可育小學（最後採用的校名，因為道教嗇色園捐助一百萬元），引入超前的隔震設計防震8度，並與香港大學合作設計，在多媒體教室安裝冷氣設備，在屋頂也裝有太陽能發電的光伏板。這樣，幾百學生可以在特大地震後一年即2009年9月1日便可復課，我們邀請當時特區政府政務司司長唐英年先生，一起主持

大舜基金八周年及帶路聯三周年

大舜基金仲裁論壇

開學禮，負責申請政府基金的九龍區扶輪社代表陳家樂前社長也有出席。當時，申請政府援建基金需要由慈善機構申請，「社促會」是非牟利機構而非慈善機構，所以便邀請我在 1985 至 1986 年間當扶輪社社長的名義申請，後來學生們很快便恢復正常的校園生活。

為了盡快平復學生在重災後的悲痛心情，「社促會」安排兩次師生訪港，每次均有三十多位。我安排他們住在迪士尼酒店兩個晚上，第一天我與訪問團在迪士尼公園玩了一天。第二次又安排另外三十多位師生到北京旅遊。在北京，他們有機會參觀鳥巢、水立方、北京動物園等。此外，「社促會」許多年輕工程師還一直與學生做筆友。

開學禮當天，「社促會」邀請特區政府政制及內地事務局常任秘書長羅智光及香港兩間小學的同學與袁家可育小學的學生作網上交流，對部分同學來說，這還是第一次體驗上網交流。

此外，「社促會」亦與我當時身兼高級副會長的中華建設基金會合作，在北川通口鎮完成一個給羌族的供水系統，讓居民緊急使用，可以飼養家禽；另在十三條村設立救急及康健中心，以及一間較大型的防疫康復中心，「社促會」又向政府地震重建支援基金申請四百五十萬元。因此，「社促會」在整個四川汶川特大地震一共籌到一千多萬元，完成了一件非常有意義的工作。

「社促會」長時間積極與其他專業團體的青年部合作，舉辦各類活動，例如聖誕節聯歡、乒乓球友誼賽、聯合講座等，後者還邀請廣東省科協、中聯辦和一些政府部門等，聯繫各範疇的青年專業人士是重要的交流活動。

自「社促會」成立，我就一直努力參與工作，直至二十五周年的 2020 年，我便把主席位置交給高級副主席及秘書長李炳權，自己只當會長。與此同時，「社促會」的《工程界社促會與你同行廿

大舜基金十二周年及「大舜青之林」成立典禮

創新科技及工業局局長孫東教授為晚宴嘉賓

五載 1995-2020》紀念特刊也印刷完畢，送予政府官員和其他贊助企業、顧問及會員等。

在多屆區議選舉中，我曾努力協助幾位參選的會員，利用幾個週末的時間在街上「嗌咪」（以流動擴音咪吶喊）助選，向街坊解釋工程師如何可以幫他們解決生活的問題，例如交通、環保、供水，電力和屋宇維修問題等，他們很受市民歡迎。所以「社促會」會員在區議會選舉參選人數不多，但成功率也很不錯。

總括而言，我曾經從各方面協助年輕專業人士多了解、多探討社會問題和參與社會活動，亦安排一些普通話、法律知識課程和演講技巧訓練，讓他們具有相關的知識技能。我也多次組織資深會員協助年輕會員參加專業考試。

此外，兩間非牟利機構、慈善平台，以及多間上市公司均邀請我擔任獨立非執行董事、甚至董事局非執行主席；另有專業團體邀請出任顧問或榮譽會長。這些工作，已足夠讓我有充實的工作，我也不用太忙，較易安排自己的工作時間。我擔任上市公司獨立非執行董事已有三十年，一直都視之為公職服務的一種，因為這些工作主要是維護小股東利益，以及監管這些上市公司在運作上遵守有關條例和監管機構的指引。

最後，為慶祝大舜成立十二周年、一帶一路國際發展聯盟、十周年紀念特刊出版、及「大舜青之林」成立典禮，大舜在 2023 年 6 月 8 日在九龍香格里拉大酒店舉行了一場四百人的隆重晚宴，邀請了特區政府創新科技及工業局局長孫東教授為主禮嘉賓。

當晚誕開三十二席，由大型企業，例如香港機場管理局、中華電力有限公司、香港電燈有限公司、香港中華煤氣有限公司、AECOM Asia、新創建集團有限公司、協鑫科技有限公司等眾多大型企業贊助。

大舜十二周年晚宴

大舜青之林成立

# 後記

　　我自 1963 年香港大學畢業後，從旅英到歸港，從工程師到立法會議員及港區全國人大代表，再到大舜基金會主席，又任香港上市公司非執行主席，跳轉了一個又一個全新的領域，一次又一次爭取更高的成就。轉眼六十年，現在我仍每天忙於工作，每天規律地上下班，甚至在新冠疫情期間，每週仍然上班三四天，努力不懈，保持積極的工作心態。我堅信健康快樂的人生，必須平衡工作、休息、運動、注意飲食以及保持心境愉快。

　　總結過去八十多年的生涯，大概可以用每十年或二十年的週期來劃分，除了首二十年的成長期外，其後的生涯可以清晰地分為四個以十年或二十年為週期的階段。

　　專業服務，在英國的十年；回港後參與大型工程共二十年；香港立法會及港區全國人民代表大會，約二十年；過去這十年，我為上市公司和非牟利機構服務，同時也抽空關注自己的身心健康和生活方式。

　　人生際遇不斷在改變，很難說一開始便可以非常刻板地定下規劃，只能因時制宜，順勢而為。看命運遇到曲折時能否把握新的機

會，其中，一個先決條件就是能否「放下」舊有的事，有捨才有得。很多時，我們都會依戀已有的東西，或因為習以為常於舒適區，覺得有更大的安全感，又或者是不願放棄已握在手中的各種利益，戀棧職位、權勢，不願意放棄之故。

我的信念是，人生要向前行，不斷追求的是要保持一份新鮮感，要爭取學習新事物的機會。對我而言，人生像一趟旅程，每一段前路都有不一樣的風景。我做人做事的目標非常清晰，就是對許多範疇的事物都感興趣，什麼事物都要盡力做到最好。

我曾經受僱於六七家機構，從事多項公職，在每個崗位任職到高位時就會放下，另找新挑戰。一直以來，當我在每一個階段做到一定的成績時，我便會停一停，離開一下，嘗試尋求新的挑戰，這樣能夠不斷激發自己無比的毅力和衝勁，令每天的生活更有意義。

我能夠做到自己想做的事，對社會作出貢獻，看輕得失，這就是我的快樂方程式。

責任編輯：黃杰華　洪巧欣

封面設計：簡雋盈

排　　版：陳美連

印　　務：劉漢舉

# 香港的專業精神
## 工程師的社會服務心路

□

著者

何鍾泰

□

出版

中華書局（香港）有限公司

香港北角英皇道499號北角工業大廈1樓B

電話：（852）2137 2338 傳真：（852）2713 8202

電子郵件：Info@chunghwabook.com.hk

網址：http://www.chunghwabook.com.hk

□

發行

香港聯合書刊物流有限公司

香港新界荃灣德士古道220-248號荃灣工業中心16樓

電話：（852）2150 2100　傳真：（852）2407 3062

電子郵件：info@suplogistics.com.hk

□

印刷

美雅印刷製本有限公司

香港觀塘榮業街6號海濱工業大廈4樓A室

□

版次

2023年7月初版

© 2023中華書局（香港）有限公司

□

規格

16開（230mm x 170mm）

□

ISBN：978-988-8860-32-6